遭受家庭暴力妇女求助行为模式研究

RSEARCH ON THE HELP-SEEKING BEHAVIOR PATTERN OF WOMEN SUFFERING FROM DOMESTIC VIOLENCE

吴金凤　杨　健◎著

中国经济出版社
CHINA ECONOMIC PUBLISHING HOUSE
北　京

图书在版编目（CIP）数据

遭受家庭暴力妇女求助行为模式研究 / 吴金凤，杨健著. -- 北京 ：中国经济出版社，2024. 12. -- ISBN 978-7-5136-7978-7

Ⅰ. D669.1

中国国家版本馆 CIP 数据核字第 2024VZ9878 号

责任编辑　叶亲忠
责任印制　马小宾
封面设计　华子图文

出版发行　中国经济出版社
印 刷 者　北京鑫益晖印刷有限公司
经 销 者　各地新华书店
开　　本　710mm × 1000mm　1/16
印　　张　14.25
字　　数　200 千字
版　　次　2024 年 12 月第 1 版
印　　次　2024 年 12 月第 1 次
定　　价　88.00 元
广告经营许可证　京西工商广字第 8179 号

中国经济出版社　**网址** http://epc.sinopec.com/epc/　**社址** 北京市东城区安定门外大街 58 号　**邮编** 100011
本版图书如存在印装质量问题，请与本社销售中心联系调换（联系电话：010-57512564）

序 言

PREFACE

妇女遭受家庭暴力是个全球性的议题，给健康与社会经济方面带来了广泛的负面影响。了解受暴妇女求助行为并提供适切的服务及制定相关政策是妇女社会工作服务和研究发展的重要一环。

2016年3月1日，我国《反家庭暴力法》正式实施，这意味着公权力进入私领域，通过联动各级部门，公安、派出所、人民法院、妇联、居委会、村委会参与家庭暴力救助，开展预防及干预服务，为受暴妇女提供关乎切身安全及权益的服务。随着《反家庭暴力法》的实施，我国各地家庭暴力防治有较大的推进，各地区都采取了多种方式，如开通家庭暴力投诉热线、妇女维权热线，建立婚姻庇护中心（所）、家庭暴力救助中心、反家庭暴力协会、妇女维权基金会等民间组织团体。妇女组织及社会组织不断发展，目的是为受暴妇女提供关乎切身安全及权益的服务。但女性求助是解决问题的第一步。国外对受暴妇女求助行为的研究很多，如聚焦于受暴妇女的心理反应、求助过程中的促进及障碍因素、文化/种族对受暴妇女求助行为的影响等，但都是西方文化脉络下的求助行为研究。然而，别国家暴受害者的应对策略可能无法跨国界推广，因为发展中国家和发达国家在规范、资源和法律方面有着显著的区别。

中国人深受儒家思想影响，社会人际交往有其特定的逻辑，求助行为同样受到文化的形塑，西方脉络的受暴妇女求助行为难以解释华人文化下受暴妇女的求助行为。比如，过往的相关研究中发现部分受访者认为家暴问题是个人问题，寻求正规资源的帮助是可耻的，受暴女性通过社会建构的过程逐渐形成了隐蔽文化，个人、环境和文化因素共同发展并加强了她们隐瞒自己的处境并保持沉默的倾向。这种隐蔽文化深受面子文化的影响，对面子的强烈关注对中国处理私人事务的方式产生了重大影响。妇女在遭受家暴行为时，最初求助的对象是家庭系统中的成员，特别是与家庭荣誉、面子为一体的家族系统，包括婆家系统及娘家系统，但是在面子文化、家族荣誉的影响下，婆家和娘家不一定站在受暴妇女的角度帮助她脱离暴力情境，这些都进一步使受暴妇女在遭受暴力后更加孤立无助。文化因素不仅在问题的定义中起着重要的作用，在如何解释求助行为和随后的求助行为中也起着重要的作用。

为此，本研究尝试从文化视角，以广东省内求助于家庭暴力专业干预的妇女为对象。基于社会建构的范式，通过半结构访谈，采用扎根理论，从文化视角下构建受暴妇女求助行为模式，提高对受暴妇女求助行为的理解。

本书把遭受婚姻暴力的妇女求助行为视为一个过程，主要包括五章内容。第一章是绪论部分，主要包括研究的必要性、研究动机与研究目的、相关概念界定、研究对象与研究方法介绍。第二章主要对家庭暴力以及求助行为的相关文献做了分析，这一章包括家庭暴力的相关理论解释、受暴妇女求助行为的理论解释、影响因素以及跨文化研究，并对华人文化视角下的求助行为进行相关探讨。第三章就质性研究、扎根理论研究方法及研究过程等进行解释和说明。第四章是研究结果的分析过程，这一章包括建构受暴妇女求助行为发生前、决定求助及求助需求、求助对象选择及相关影响因素、求助成效及应对策略，最后从文化的角度构建受暴妇女求助行为模式等内容。第五章包括研究结论以及提出政策建议等内容。

最后，感谢岭南师范学院对本书的大力支持和帮助，感谢本书研究对象的协力合作。

吴金凤

2024 年 7 月 31 日

目　录

CONTENTS

第一章

绪　论

第一节

研究的必要性

尽管妇女的政治权利日益提高，但是妇女遭受的亲密伴侣暴力（Intimate Partner Violence，IPV）仍然是世界各地一个重要的社会和公共健康问题，对全球范围内的健康、人权、人身安全以及和平造成广泛性的影响（Johnson et al.，2008；Botts et al.，2012；Ellsberg et al.，2008；Palermo et al.，2013；Abramsky et al.，2011）。世界卫生组织将亲密伴侣暴力定义为“在亲密关系中导致身体、性或心理伤害的身体侵犯、性胁迫、心理虐待和控制行为”（WHO，2010）。据估计，全球近30%的女性在其一生中经历过亲密伴侣某种形式的身体和/或性暴力（WHO，2016）。Palermo等（2013）研究发展中国家女性IPV流行率，发现东亚和中美洲的比率为16%～19%（Palermo et al.，2013）。然而，有些研究则显示发展中国家针对女性的亲密伴侣暴力比例可能更高（Fidan and Bui，2016；WHO，2016）。全球的暴力行为普遍发生在家庭中（Krug et al.，2002），大多数的婚姻暴力个案受害者95%以上是妇女（Celles and Cornell，1983；Martin，1976）。

1994年，国务院发布的《中国妇女的状况》白皮书介绍，我国离婚率为1.54‰，每年约有40万个家庭解体，其中25%是由于家庭暴力所致（张希慧，2000）。全国妇女联合会（下文简称“妇联”）2011年发布的《第三期中国妇女社会地位调查主要数据报告》，采用按地区发展水平分层的三阶段不等概率（PPS）抽样方法选取样本，共发放有效问卷105573份。调查发现，在整个婚姻生活中曾遭受过配偶侮辱、谩骂、殴打、限制人身自由、经济控制、强迫性生活等不同形式家庭暴力的女性占 24.7%，其中，明确表示遭受过配偶殴打的已婚女性为 5.5%，借此能估算出我国有 8100 万妇女遭受过家庭暴力，445 万已婚妇女遭受过肢体暴力（中国妇联课题组，2011）。除了调查报告，司法系统显示女性是家庭暴力的主要受害者，2018 年中国最高法院司法统计显示妇女占家暴受害者比例高达 91.43%（中国最高法院，2018）。

再看各省市的情况，湖南省从县以上妇联来信来访案件中看，1995—1999 年共接待有关婚姻家庭的来信来访 45026 件次，其中涉及家庭暴力问题的有 10525 件次，占 23.38%（张希慧，2000）。联合国于 2013 年在中国中东部地区一个县（包含城市和农村社区）开展了一个大规模的研究项目"联合国男性与暴力多国研究"，以随机抽样的方法访问了曾有或现有伴侣的 949 位男性和 1022 位女性。结果显示，在曾有或现有伴侣的女性中，39% 的人曾遭受过来自男性伴侣的身体和 / 或性暴力。在曾有或现有伴侣的男性中，52% 的人曾向女性伴侣施加过身体或性暴力（Fulu et al.，2013）。《广东省妇联系统 2014 年维权投诉（信访）概况》分析报告显示，2014 年，广东省县级以上妇联共受理信访投诉逾 3 万件。其中，家庭暴力投诉类案件所占比重持续增长，2010 年家暴投诉 3874 件，占婚姻家庭权益问题的 15.4%；2013 年发生投诉 4187 件，占 18.2%；2014 年投诉 3849 件，占比达到 18.8%，而且近年来一直居高不下（李明，2015）。可见，从全国到各省区域调查或政府部门发布的统计数据来看，我国的受暴妇女比例不容乐观。

遭受亲密伴侣暴力对受害者造成许多长期影响，包括广泛的健康与社会经济后果。在健康方面，IPV 对女性造成无法估量的身体伤害及慢性身心健康问题（Clark and Foy，2000；Robertiello，2006）。长期遭受家庭暴力的女性容易出现头痛、背痛、腹痛、胃肠功能障碍以及总体主观性健康状况不佳的情况（Campbell et al.，2002），心理的影响主要有企图自我伤害或自杀、低自尊、抑郁、焦虑创伤后压力症（PTSD），以及多种身体健康状况的风险增加，如慢性疼痛、妇科症状、妊娠并发症和性传播疾病（Sackett and Saunders，1999；Riggs，2000；Dillon et al.，

2013）。此外，对性与生殖健康的影响主要有意外怀孕、堕胎、妇科疾病和感染性传播疾病（包括艾滋病病毒），并会增加妊娠期间流产、胎停、早产和婴儿出生体重过低的可能性。在社会经济方面，受害者需要一系列不同的支援服务，包括医疗服务、身心健康辅导及儿童保护等服务以应对暴力带来的伤害（Mouzos，1999；Smith et al.，1998；Tutty，2006），这些对个人及社会都造成了经济上的损失，2011 年英国因家庭暴力给国家造成的经济损失高达 55 亿英镑。在美国，家庭暴力每年造成的经济损失超过 580 亿美元，其中 410 亿美元是直接的医疗和精神治疗费，家庭暴力同时使受害人损失约 800 万个有薪工作日，相当于失去 32000 多个全职工作（丁娟，2016）。

不少受暴妇女难以忍受长期的家庭暴力，采取以暴制暴的方式杀害施暴者，如轰动全国的"刘栓霞毒杀丈夫案[①]""谈玉红杀夫案[②]""李彦杀夫案[③]"及"姚荣香杀夫案[④]"。在数据统计方面，江苏省妇联权益部 2006 年对南通监狱女子分狱 513 名女犯的问卷调查显示，125 人的犯罪直接与家庭暴力有关。吉林省女子监狱中有 30% 以上的服刑人员，其犯罪原因与家庭暴力都有不同程度的联系。河北省妇联调查显示，2003 年至 2006 年初，河北省共发生妇女以暴抗暴案件 81 起（陈雯，2008）。也有女性犯罪的调查情况显示，在所有的暴力女犯中 80% 的案件起因是家庭暴力（丁娟，2016），很多因不堪忍受暴力虐待激愤杀人。此外，家庭暴力对目睹儿童的身心也造成极大伤害，子女目睹家庭暴力后会出现行为问题和情感障碍，如社交技能低下、学习困难、抑郁或攻击性强（Organization，2005）。可见，家庭暴力对受暴者个人身心、儿

① 陈敏．女人无须沉默［EB/OL］．http://news.sina.com.cn/c/2007-11-29/153614415192.shtml，2015-08-06.

② 贾芳芳．谈玉红杀夫案今日宣判［EB/OL］．http://www.legaldaily.com.cn/dfjzz/content/2010-08/12/content_2238768.htm?node=6309，2015-08-06.

③ 刘春华．四川女子杀夫分尸改判死缓，最高法院核准为死刑［EB/OL］．http://news.sina.com.cn/c/2015-04-24/100331755772.shtml?t=1429851070667，2015-08-06.

④ 范跃红．浙江温州一不堪家暴杀夫的妻子获5年轻刑［EB/OL］．http://news.jcrb.com/biglaw/casefile/Criminal/201503/t20150306_1483691.html，2015-08-06.

童、家庭都有伤害，也直接危害了社会安定，造成社会的不稳定。

尽管IPV存在危险，但终止虐待关系对许多受害者来说是一个复杂而艰难的过程（Anderson and Saunders，2003）。揭露并求助于正式或非正式支援网络被认为是寻找暂时或永久解决方案并防止IPV再次发生的重要一步（Coker et al.，2002；Okenwa et al.，2009；Linos et al.，2014）。

社会支持是一个多维度的概念，指的是个体从其社会关系网络中获得的各种形式的帮助和资源，以应对生活中的挑战和压力。支持的形式则可分为工具性（如有形或物质的协助、问题解决行动等）与情感性（如无形的心理与情绪支持、关心、鼓励等）等方面。Cohen和Wills（1985）将社会支持相关研究测量项目依功能区分为四类：工具性支持（instrumental support）、情感或自尊性支持（emotional/esteem support）、社会陪伴性支持（social companionship support），以及讯息性支持（informational support）。求助行为可以被定义为在寻求自我之外的帮助过程中的任何行为或活动，涉及回应问题或令人痛苦的经历的“理解、建议、信息、治疗和一般支援”（Cornally and McCarthy，2011）。通过寻求社会支持，首先，可以帮助受害者离开虐待关系，从而消除或减少再次受害的可能性，防止亲密关系中的进一步暴力以及保障受暴者的人身安全（Coker et al.，2002）。其次，可以使妇女接受各种服务，这些服务通常被认为对提高受害者的应对技能至关重要，增加她们的自尊和信心，减少社会隔离和自责（Fugate，2005；Ofstehage et al.，2011）。实际上，非正式和正式的社会支援早已被证明可以改善受虐妇女的心理健康问题（邱筠雅，2011；王秀美，2016），提升受暴妇女寻求正规帮助的意愿和能力，以及随后保持安全的能力（Gondolf and Fisher，1988；Horton and Johnson，1993；Liang et al.，2005）。非正式支持网络如家庭成员、朋友、儿童、社区成员可以为她们提供心理支持（如建议、鼓励或肯定等）以及物质支持（如经济援助、临时住房等）（Goodkind et al.，2003；Kaukinen，2004），网上信息等（Satyen et al.，2018）。警员、司法系统内的行动者，社会服务机构工作人员，医疗人员，律师，危机热线工作人员等的正式支持则可为其提供庇护场所、法律援助等（Goodman et al.，2003；Liang et al.，2005）。例如，Sarkar（2008）对多国研究的回顾分析显示，接触警察或申请保护令的女性性侵犯风险分别下降了 59% 和 70%（Tenkorang et al.，2016）。

求助可以为受暴妇女带来诸多益处，那实际上受暴妇女求助现状如何？妇女在遭受虐待初期，多数采用容忍的方式，原因包括害怕来自伴侣的进一步暴力、考量子女的安全、不了解或与现有的服务隔绝，以及揭露其 IPV 经历所带来的羞耻和耻辱（Du Mont et al.，2012；Hyman et al.，2009b），受暴妇女决定开始求助，常常会经过很多的考量。诸多调查中发现，受暴妇女求助方式偏向先求助于家庭等非正式支持网络以结束暴力（Paul，2016），当个人的社会支援网络已经无法协助时，才转而求助正式的社会支援网络。在求助正式与非正式社会支援网络比例方面，加拿大的一项全国性家庭调查显示，80% 以上的人使用非正式支援来应对 IPV，66% 的 IPV 幸存者使用至少一种正式服务（Barrett and Pierre，2011）。但大部分调查研究发现，实际求助正式支援网络比例不高，受访者更有可能寻求家人或姻亲的帮助，而不是朋友或正式机构。在对发展中国家的调查中，Goodson 和 Hayes（2021）调查了 31 个国家，描述性调查结果显示，34.88% 的 IPV 受害者有求助行为，其中，63.1% 求助于家人，仅有 3.24% 受暴妇女向正规机构寻求帮助。也有研究发现，移民和少数民族或族裔群体求助于正式支援网络的比率可能更低（Hyman et al.，2009a；Raj and Silverman，2007）。此外，还有一部分妇女甚至遭受多年的虐待仍然不愿寻求帮助（Chatzifotiou and Dobash，2001）。Adegbite 和 Ajuwon（2015）则在一项相关调查中发现，分别有 59%、62% 和 65% 经历过身体、性和心理暴力的女性没有寻求帮助。

我国受暴妇女求助行为的研究成果不多，我们可以通过其他维度估算受暴妇女求助比例。全国妇联曾经进行的一项调查表明，我国女性受害者普遍担心家丑外扬，仅 9.5% 的受害者选择报警求助，全国妇联每年处理家庭暴力调解案件 4 万 ~5 万件（乔希玲，2017）。司法系统方面，2016—2017 年因家暴而起诉离婚的案件有 9 万例（中国最高法院，2018）。妇联调解案件及司法系统处理的家暴离婚案件合计每年约 14 万例，相较于上文估算的正遭受肢体暴力的 445 万受暴妇女而言，求助比例在 3% 左右。此外，再看隶属妇联系统的妇女庇护所入住情况，诸多学者调研发现很多庇护所面临"零入住"的尴尬（骆婉如，2011；王婷彦，2015；崔诗婉、罗婕，2013）。另据妇联工作人员介绍，家庭暴力纠纷的来访者主要是受暴者，亲自来投诉的占 85%，电话投诉的占 15%（陈苇等，2012）。有时，即使妇联发现了家庭暴力，受暴者也因不愿意将自己被打的事实公之于众而极力否认家庭暴力的存在。由于有些受害者不主动寻求救助，致使妇联不能及时制止家庭暴力。此外，受暴妇女延迟求助的现象很严重，数据估算受暴妇女平均在被虐待 35 次以后才会报警（中国人民网，2016；乔希玲，2017），受暴者最短遭受 3 年家暴后才报警求助，最长已遭受家暴 40 年（舟子，2016）。通常妇女在遭受虐待的初期，多数会采取忍让的方式，表现出消极抵抗，包括保持沉默、冷静、尊重和服从虐待的伴侣。由此可见，我国女性在面对家庭暴力时，求助行为较为消极。

妇女遭受家庭暴力常常被认为是一个隐蔽性的问题，其不求助的原因相当多元，且受到多重因素影响，有可能是恐惧、心理健康状态不佳、认为暴力不严重、没有身体外伤、子女安全、要给子女完整的家、经济的限制、少数或弱势族群的影响、缺乏求助的资源、家暴防治机构未给予完整的服务等（Ahmet Fidan，2017；Sylaska and Edwards，2014；Alaggia et al.，2012；Ansara & Hindin，2010）。大部分女性遭受暴力后都选择隐忍的态度（Fugate，2005；Abbey et al.，2001），但这种隐忍会让女性遭受更多的暴力。想要求助的妇女担心求助会导致更多的暴力和耻辱（Bamiwuye et al.，2015）。耻辱感、污名、社会规范、宗教信仰也会影响受暴妇女的求助意愿（Anderson and Saunders，2003；Chang et al., 2005; Fugate et al., 2005; Moe, 2007)。另外，妇女对暴力的认知也会影响其求助行为（Fugate et al., 2005），也有一些研究认为，寻求专业帮助要做好结束婚姻的准备，为此，受暴妇女不轻易选择寻求专业协助（Fugate, 2005）。因此，不应该误导大众认为女性寻求帮助是一个简单的过程，或者求助行为不受其他因素影响。

Shek（1998）研究发现约有 1/5 的中国受试者认为家庭问题是个人问题，寻求正规资源的帮助是可耻的（Chiu et al., 2004）。中国台湾学者研究（Hwang, 1977）、中国香港学者研究（Shek and Mak, 1987; Chiu, 2002）均普遍证实，中国人更喜欢非正式的而不是正式的专业帮助（Chiu et al., 2004）。Yuen–Tsang 和 Sung（2005）采用叙事的方式对 15 名在中国香港地区经历过婚姻冲突和家庭暴力的中国女性进行定性研究，发现女性通过社会建构的过程，如受家丑不可外扬、集体荣誉优先于个人需求等观念影响逐渐形成了隐蔽文化，即个人、环境和文化因素共同作用强化了她们隐瞒自己的处境并保持沉默的倾向。这种隐蔽文化，深受面子的影响，面子就像公众眼中的一个形象，是决定人类行为和社会互动的核心因素（Yang, 1992; Bond, 1991）。对面子的强烈关注对中国处理私人事务的方式产生了重大影响。学者在研究中发现，妇女在遭受家暴行为时，最初求助的对象是家庭系统中的成员，特别是与家庭荣誉、面子为一体的家族系统，包括婆家系统及娘家系统（简春安、常宏文，2002），但是在面子文化、家族荣誉的影响下，婆家和娘家不一定站在受暴妇女的角度帮助她脱离暴力情境。研究发现，来自婆家的反应有的是佯装不知情、不闻不问，有的是请受暴者忍耐，有的是认为媳妇活该，更有的其实是帮凶；而来自娘家的反应，则有的是要嫁出去的女儿忍耐且自行承担责任，有的是给予情绪支持，出面协调，更有的是害怕遭到加害人报复，而不敢帮忙（简春安、常宏文，2002），这些都进一步使受暴妇女在遭受暴力后更加孤立无助。由于婚姻冲突和家庭暴力往往被视为受害者及其家庭成员的耻辱，受害者往往隐瞒这些事件并避免引起公众的注意（Yuen–Tsang and Sung, 2005）。为此，在面子文化

“家丑不可外扬”的影响下，以及在社区紧密的人际关系笼罩下，受暴妇女不会轻易寻求专业帮助。

我国受暴妇女求助行为消极，其原因是否与上面的研究结论相同？受暴妇女的求助资源有哪些？求助是人际互动过程，包含“求助者”与“施助者”的互动。遇到家庭暴力时“求助者”是谁？会向哪些“施助者”求助？希望获得哪些施助资源？会采取何种方式获得需要的资源？周围的支持网络是否充足？这个人际互动行为会受何影响？那些最后求助于正式系统的受暴妇女，在求助过程中将会有何种考量？中国受暴妇女的求助行为是否有其共通之处？

2016 年 3 月 1 日，我国《反家庭暴力法》正式实施，预示着我国公权力进入私领域，通过联动各级部门，如公安、派出所、人民法院、妇联、当地居委会、村委会参与家庭暴力救助，开展预防及干预服务，为受暴妇女提供关乎切身安全及权益的服务。随着《反家庭暴力法》的实施，我国各地家庭暴力防治有较大的推进，各地区都采取了多种方式，如开通家庭暴力投诉热线、妇女维权热线，建立婚姻庇护中心（所）、家庭暴力救助中心、反家庭暴力协会、妇女维权基金会等民间组织团体。妇女组织及社会组织的不断发展，目的是为受暴妇女提供关乎其人身安全及权益的服务。但女性求助是解决问题的第一步。

关于受暴妇女求助行为的大多数研究来自发达国家（Shannon et al., 2006；Sylaska and Edwards，2014），然而，别国家暴受害者的应对策略可能无法跨国界推广，因为发展中国家和发达国家在规范、资源和法律方面有着显著的区别（Freedman，2002；Goodson and Hayes，2021）。国人深受儒家思想影响，社会人际交往有其特定的逻辑，求助行为同样受到文化的形塑。为此，为了弥合这一差距，研究者秉持一种审慎的专业反身性态度，旨在通过深入探究受暴妇女所经历的暴力类型、她们寻求帮助的相关性和求助行为的模式。第一，希望通过本研究了解受暴妇女求助的历程，有助于明晰这个过程中受暴妇女的认知，为后期干预提供服务标准。第二，希望通过本研究了解受暴妇女求助的资源，有助于未来搭建适合受暴妇女求助的网络。第三，了解受暴妇女求助行为中出现的障碍，提升妇女的权利意识，有助于缩短受暴妇女专业求助的时间，提高妇女求助的比例。第四，希望本研究能帮助实务工作者在协助受暴妇女时，更了解受暴妇女的需求、感受与困难，为她们提供更适切的心理及实际上的协助。第五，了解我国受暴妇女求助行为中各种影响因素及应对策略，将有助于公安、妇联及社会组织提供适切的服务输送及制定相关的政策。

第二节

研究动机与研究目的

一、研究动机

我国以求助为主题的研究成果较为丰富，但大多以学生为研究对象，涉及心理求助（江光荣、王铭，2003；夏勉、江光荣，2007；邓志军、蔡水清，2005）、学业求助（李晓东、张柄松，2000；唐芳贵，2003；常淑敏，2003；王秀丽、张新颖，2004；赵小云等，2010）、信息求助（张敏等，2018）、网络求助（李斯文，2018；杨宇昕，2018）研究。另外也有一些有关护士、教师群体的心理求助及求助行为的研究（叶海燕，2014；王小琴等，2018；张明颖等，2018；盛红勇等，2016），这些研究以实证调查为主，仅有几篇有关质性研究方法的文章。关于家庭暴力的研究甚多，但对女性求助行为的研究有限。更多是从法律上探讨如何界定妇女受暴及案件处理（张丽，2018）、求助体系搭建、干预服务的开展（李茂强，2007；原璐璐，2017），缺乏受暴妇女自我报告的暴力行为及求助行为的研究。中国人的求助行为在很大程度上依赖于定量分析，尤其是比较研究，而很少从定性角度深入探讨女性的主观经验。这一现象构成了一个显著的遗漏，因为定性方法能够有效地阐释女性如何界定问题、应对挑战以及制定行动策略，同时也涉及女性对自身性别角色和文化身份的认知与建构。国外对受暴妇女求助行为的研究很多，如聚焦于受暴妇女的心理反应、求助过程中的促进及障碍因素、文化 / 种族对受暴妇女求助行为的影响等（Fugate，2005；Ingram，2007；Beaulaurier，2008；Mezey and Bewley，2003；Evans and Feder，2016；Fanslow and Robinson，2010；Bacchus et al.，2011；Peckover，2010；Rasool，2015；Postmus et al.，2009），但都是西方文化脉络下的求助行为研究。华人社会的文化脉络如面子文化、儒家思想有其独特性（黄光国，1988；杨国枢，2004；翟学伟，1993），西方脉络的受暴妇女求助行为难以解释华人文化下受暴妇女的求助行为。因为，文化因素不仅在问题的定义中起着重要的作用，而且在如何解释求助行为和随后的求助行为中也起着重要的作用（赵雨龙，2002）。为此，通过文化解释受暴妇女求助行为受到的种种影响及应对策略，更符合文化脉络，本研究以中国广东省求助于家庭暴力专业干预的妇女为对象，基于社会建构的范式，透过半结构访谈，从资料中建构出相应的求助行为模式。期望能够增加反家庭暴力求助行为的相关知识和理论。

二、研究目的

尽管受暴妇女问题的严重性已经在文献中证明，但是从文化角度了解妇女求助行为的知识比较有限，现有的对妇女寻求帮助行为的范围和性质的调查研究大多是在发达国家进行的（Bui，2003；Kaukinen，2004；Leung，2015；Macy et al.，2005；Moe，2007）。由于我国的文化脉络不同，发达国家进行的受暴妇女求助行为的研究难以推广，我国目前欠缺对受暴妇女求助行为的相关研究。为此，本研究尝试从文化视角，建构文化影响下受暴妇女求助行为模式，提高对受暴妇女求助行为的理解。期待本研究有助于促进相关的服务提供者对受暴妇女求助行为策略的了解，以提供适切的服务或为制定相关政策提供建议。为达到以上目的，本书的主要研究问题为：第一，受暴妇女求助过程是怎样的？第二，受暴妇女求助行为影响因素是什么？第三，受暴妇女求助效果以及个人的应对策略是什么？第四，华人文化影响下受暴妇女的求助行为模式有哪些特点？

第三节 相关概念界定

一、家庭暴力（domestic violence）

家庭暴力是指家庭成员之间以殴打、捆绑、残害、限制人身自由以及经常性谩骂、恐吓等方式实施的身体、精神等侵害行为，包括生理暴力、精神暴力与性暴力。由于本研究中主要以受暴妇女为研究对象，因此本研究中出现的“家庭暴力”一词特指婚姻暴力中受害方为妇女的家庭暴力行为。

二、受暴妇女（battered woman）

本研究所指的受暴妇女（battered woman）、受虐妇女（abused women）、受暴妻子（battered wife）等具有相同意义，虽然名称不同，但所指的对象相同。为了能限定研究对象，本研究的受暴妇女仅指在婚姻关系中遭配偶或前配偶施以身体暴力、精神暴力与性暴力伤害的妇女。有的已离婚脱离受虐关系，有的则仍在持续遭受暴力中。

三、求助行为（help-seeking behavior）

“求助”一词其中文实际涵盖“求”与“助”两个维度，但本研究主要关注“求”的领域，求助意即寻求帮助（help-seeking）。本研究中求助是指受暴妇女遭遇暴力后想要获得精神支持、物质帮助、庇护及权益保障等协助所产生的意念、行动等。求助可以包括求助需要、求助行为、求助策略几个维度。

本研究认为，求助行为是一个漫长、复杂、变幻莫测及充满抉择的动态过程，妇女遭遇暴力后想要获得情绪 / 精神的支持 / 安抚、物质 / 工具的帮助、信息支持及权益保障等协助所产生的求助策略。包括当事人对问题的觉察、决定求助以及对一连串影响因素考量后做出的求助对象选择及应对策略，这一系列过程受到个人特质、人际关系网络及社会文化因素的影响。

四、求助行为模式（help-seeking behavior model）

模式（model）是指物体或事件所产生的一种规律变化与自我重复的样式（维基百科，2018）。Payne（2014）认为模式在很多情况下以结构化形式对实务中发生的事情进行普遍性的描述。认为模式是主体行动的一般方式，它是从实务中提取出的具有一般性、规律性、重复性、结构性和可操作性的原则、方式、流程和样式。还可以被理解为在特定条件下，为实现某一特定目标而采取的一系列具有规律性的方式与方法的综合，既包含了现实目标所采取的具体方式和方法，也包含了实现目标的指导思想和工作原理（肖贵清，2011）。

基于研究目的，本书主要聚焦于探讨广东地区遭受家庭暴力的妇女在寻求正式援助过程中所展现的问题界定、求助决策考量、选择求助对象以及采取相应策略的行为特征。因此，笔者结合上文所界定的相关核心概念，将受暴妇女求助行为模式界定为曾遭遇配偶、前配偶暴力伤害的妇女，在求助过程中在个人特质、施暴者行为、施助者反应及社会文化因素综合作用后所发展出来的寻求精神支持、物质帮助、信息支持及权益保障等所产生的求助策略，是具有一定规律性和结构性的行为模式。

第四节

研究对象及研究方法

本研究使用建构主义质性研究范式。在质性研究中，研究对象是整个研究中最重要的资料来源，需要具备丰富内涵的资料（胡幼慧，1996）。日常生活中不容易接触到遭受并寻求帮助的受暴妇女，研究者依据研究目的，通过各级妇联以及为受暴妇女提供服务的单位推荐愿意接受访谈的研究对象。本研究对象的选择基本标准如下：第一，曾经或正在寻求正式帮助（妇联、警察、社工、法院、精神医生、村委）的受暴妇女。第二，愿意接受访谈，并能配合研究者进行研究。第三，无沟通障碍。

Lincoln 和 Guba（1985）认为质性研究的抽样需要达到资料饱和点或重复出现时才能停止，也就是说，样本数量取决于是否已经获得最大限度的研究资料，即达到“理论饱和”，亦即使增加的新样本不再产生新的研究资料。为此，需要运用扎根理论的方法进行研究，不断寻找新数据，进行理论性抽样，并对已形成的类属加以比对、分析或修改，直至不会发现新的概念范畴且不会再生成新的理论，才达到理论饱和。

为了收集到丰富及差异性信息，研究采取立意抽样，基于以下条件选取访谈对象：第一，关于求助经历，本研究涵盖了受访者初次接触正式援助系统或多次向不同正式援助系统寻求帮助的情况。在面对不同的援助提供者时，受访者与这些互动主体之间的相互作用会影响其感受和认知，进而影响后续的行动。因此，通过探究具有不同求助历史的受访者，可以更深入地理解她们在求助行为模式中各个阶段的考量。基于此，本研究在抽样过程中将考虑受访者的求助经历，并进行差异性抽样。第二，关于受暴持续时间，本研究将家暴经历的时长划分为三个阶段：短期（2 年以内）、中期（2~5 年）以及长期（5 年以上）。第三，在家暴样态方面，本研究考量自最后一次家暴事件至今的时间跨度，包括在访谈时仍在遭受家暴或已成功脱离家暴状态的情况。家暴样态对求助意愿产生显著影响，处于不同状态下的妇女在反思求助行为时的需求存在差异。第四，婚姻状态作为考量因素之一，包含持续婚姻、分居及离婚三种类型，以探讨不同婚姻状态对脱离暴力的影响。第五，受暴类型涉及肢体暴力、精神暴力、性暴力及经济限制等多方面内容。此外，在检验理论阶段，本研究纳入了未进入正式援助系统求助的受暴妇女，以评估理论的饱和度。

第二章

受暴妇女求助行为文献综述

第一节

家庭暴力概念意涵、理论解释

一、家庭暴力的概念界定

家庭暴力在不同的时间脉络下有不同的定义，西方国家与中国关注家庭暴力的时间不同，在家庭暴力的内涵及外延上存在时间的差异。联合国于 1993 年 12 月 20 日在维也纳召开世界人权大会，通过《消除对妇女暴力行为宣言》指出：家庭暴力是“在家庭内部，发生在家庭成员之间的，以殴打、捆绑、禁闭或其他手段对家庭成员从身体、精神、性等方面进行伤害和摧残的行为”（陈雯，2008）。家庭暴力直接作用于受害者身体，使受害者身体或精神上感到痛苦，损害其身心健康和人格尊严，它发生于有血缘、婚姻、收养关系，生活在一起的家庭成员间，如丈夫对妻子、父母对子女、成年子女对父母等，会造成死亡、重伤、轻伤、身体疼痛或精神痛苦等。

随着家暴研究的深入，西方国家家庭暴力的内涵逐渐扩大，家庭暴力不仅是发生在家庭成员间的暴力行为，也非限于拥有结婚契约的伴侣。随着社会变迁，新兴的家庭关系蓬勃发展，许多没有血缘联结，却有实质的婚姻、居住或家属互动的关系，逐渐形成家庭暴力的一环，包含现任或前任夫妻、同居伴侣、男女朋友或约会对象（Tiwari et al.，2008），也包括同性恋的亲密关系（Duke，2005）。亲密伴侣暴力逐渐替代家庭“暴力”一词。可见，随着时间的推移，西方国家认定家庭暴力与亲密伴侣暴力在暴力主体范围上较为一致。世界卫生组织将亲密伴侣暴力定义为亲密伴侣造成身体、性或心理伤害的行为，包括身体攻击、性胁迫、心理虐待和控制行为（WHO，2013）。

我国家庭暴力逐渐走入公众视野，与1995年第四届联合国世界妇女大会在北京召开密切相关。联合国世界妇女大会充分肯定了妇女在经济和社会发展中的重要作用，要求消除妇女贫困，推进教育、保健事业的发展，消除对妇女一切形式的歧视和暴力，保护和促进妇女人权，为妇女平等参与经济、社会发展和决策创造必要条件等。可以说，这次会议的召开，是中国政府和学界开始重视家庭暴力问题的标志性事件（陈雯，2008；蒋月娥，2014）。西方的术语“家庭暴力”开始逐渐替代中国传统的吵架和打架，家庭暴力问题在中国逐渐从私域转向公域。中国的老百姓逐渐认识到，家庭暴力的形式不但有身体暴力，还包括精神暴力、性暴力等。

家庭暴力的概念规定多见于相关法律法规中，我国明确使用“家庭暴力”一词是在《中国妇女发展纲要》（1995—2000年）第十一项主题“改善妇女发展的社会环境”中提到“依法保护妇女在家庭中的平等地位，坚决制止家庭暴力”（陈雯，2008）。全国人大常委会在2001年4月28日通过的《关于修改〈中华人民共和国婚姻法〉的决定》中，不仅在《婚姻法》的总则部分明确规定禁止家庭暴力，而且将实施家庭暴力作为法院应准予离婚的法定情形之一，并专门规定了对家庭暴力受害人的救助措施和施暴人的法律责任。最后，最高人民法院基于实践的需要，在《关于适用〈中华人民共和国婚姻法〉若干问题的解释》中对家庭暴力做出了界定，即“行为人以殴打、捆绑、残害、强行限制人身自由或者其他手段，给其家庭成员的身体、精神等方面造成一定伤害后果的行为。持续性、经常性的家庭暴力，构成虐待”。可见，我国法律体系对家庭暴力的界定基本借鉴了国外已有的成果，施暴者的性别同样不受局限。随后，2014年国务院法制办公布的《中华人民共和国反家庭暴力法（征求意见稿）》逐步确定我国家庭暴力的概念。2015年12月正式公布的《中华人民共和国反家庭暴力法》（以下简称《反家庭暴力法》）指出家庭成员之间以殴打、捆绑、残害、限制人身自由以及经常性谩骂、恐吓等方式实施的身体、精神等侵害行为为家庭暴力。我国家庭暴力概念的界定，是在法律法规的基础上总结司法实践的经验，经过抽象概括发展而来（杨柯，2017）。与西方国家亲密伴侣暴力比较，我国对家庭暴力的主体范围限定相对来说要小得多，到目前为止大家认为的家庭暴力主体基本限制在家庭内部成员（谢小琴，2011）。表2-1为西方国家与中国家庭暴力意涵发展的比较。

表2-1　家庭暴力的意涵

	西方国家		中国
	家庭暴力	亲密伴侣暴力	家庭暴力
时代	2000年以前	2000年以后	1995年以后
主体	家庭成员	家庭成员、实质婚姻、同居、同性恋、男女朋友、约会对象	家庭成员
类型	儿童暴力、婚姻暴力、成年孩子对父母	同性伴侣、丈夫对妻子、父母对孩子、成年孩子对父母、继父母	儿童暴力、婚姻暴力、其他家庭成员间暴力

综合我国家庭暴力的定义，可以概括出家庭暴力的三个要素：第一，家庭暴力的主体责任在家庭成员。按照家庭暴力的主体范围划分，可分为对妇女的暴力和对其他家庭成员的暴力。由于本研究主要以受暴妇女为研究对象，因此本研究中出现的家庭暴力一词特指婚姻暴力中受害方为妇女的家庭暴力行为。第二，家庭暴力主管对象要求施暴者需具有主观的故意。第三，家庭暴力客观方面通常表现在持续或经常地摧残或折磨家庭成员的身体、精神和实施性暴力，造成一定的伤害后果。

在家庭暴力形态方面，《反家庭暴力法》规定家庭暴力大体分为身体暴力、精神暴力及性暴力，而《涉及家庭暴力婚姻案件审理指南》中增加了经济控制这一形态。

身体暴力是指采用杀害、拳打脚踢、使用凶器等方式对妇女身体各个部分进行伤害甚至威胁生命的行为（朱力，2002）。身体暴力较容易被辨识，也较易被认定为虐待，同时也较具生命威胁。而且，身体的虐待常常伴有精神暴力，因为当受害者被攻击时，往往心生恐惧。精神暴力是指以威胁、恐吓、辱骂等方式造成妇女的心理恐惧。精神暴力包括伤害受害者的物品、朋友或宠物，控制她的行为、隔离她、嘲弄、侮辱、威胁、故意在她面前玩弄武器、经济控制等不伤害对方身体却能造成对方内心痛苦、恐惧、不安等情绪的口语、非口语行为（周月清，1995；吴慈恩，1999）。Schecher（1990）指出：男性可用恐怖统治的方式控制他们的妻子，以避免身体的接触与非法的身体伤害（Davis，1995）。性暴力是指伤害妇女的性器官，强迫与妇女发生性行为、性接触等侵害行为（朱力，2002）。性虐待包括任何强迫的、违反意愿或不适合方式的性行为或性接触。例如，殴打之后强迫性行为、强迫拍裸照、拍性爱光盘等（游美贵，2015）。Murith 等（2017）提及施暴者恶意与受暴者发生性行为、使用工具强迫进行性行为、染病却恶意与受暴者进行性行为。遭受性暴力的妇女常常不敢对外曝光，因为此类型的暴力是令受虐妇女最难以启齿、最无助、最具羞辱性，且对自尊的伤害也是最具破坏性的一种虐待（陈婷蕙，1997）。性是夫妻双方甜蜜而隐私的事，男性以其天生生理上的优势，将性作为虐待的工具，对于女性而言除了是严重的侮辱外，还常造成难以启齿的生殖上的疾病。经济控制是一种以金钱当作控制的方式，使受暴者失去经济自主权，只能被迫依赖施暴者，不敢轻易离开施暴者（游美贵，2015）。例如，不让受暴者外出工作也不给生活费，拒绝支付重要的费用，如医疗费、食物费、水电费、孩子的学费等，使受暴者生活在四处筹钱与基本需求无法被满足的困境中；施暴者使用暴力逼迫受暴者给予金钱以支付家中开销或满足其需求，如购买烟、酒、毒品等；施暴者强迫受暴者担任保证人、借贷，使受暴者背负大笔债务，陷入被追债的困境等行为（游美贵，2015；林美薰，2008）。

以上四种虐待方式在法律上一致被认定为婚姻暴力，然而比较容易界定与观察的只有身体虐待，但实际上我们可以发现，四种虐待方式其实是共同存在的，遭受身体虐待、性虐待或被经济控制者，精神上想必也承受着莫大的暴力，而被精神虐待者在长期的精神不安下，也常常出现许多身心症，所以，实务工作者在界定妇女保护个案时，的确难以将其单纯地区分为哪一类型的受害者。

为此，本研究所指的家庭暴力（domestic violence）、亲密伴侣暴力（intimate partner violence）有相同意涵，并沿用《中华人民共和国反家庭暴力法》的概念界定。本研究所指的受暴妇女（battered woman）、受虐妇女（abused women）、受暴妻子（battered wife）等是具有相同意义的，虽然名称不同，但所指涉的对象是一样的。为了能限定研究对象，本研究中的受暴妇女仅指在婚姻关系中遭配偶与前配偶施以身体暴力、精神暴力与性暴力伤害的妇女。有的已离婚脱离受虐关系，有的则仍在持续遭受暴力中。

二、家庭暴力的理论解释

对于家庭暴力产生的原因，不同的学科有不同的解释视角。经文献梳理，可以从个人视角、资源视角、社会交换视角（社会控制模式）、生态视角及结构性视角去分析家庭暴力成因。

（1）个人视角。早期研究的解释视角聚焦于个人层面。在心理学方面代表的是精神分析模式（Psychiatric Model），有些研究关注进化和基因特征，认定有些基因的特征使得某些男人的行为倾向于暴力；有的学者强调生物学的因素，如大脑的结构、不平衡的化学物质、饮食缺陷以及荷尔蒙等也是导致男性暴力的原因；精神病理学则将家庭暴力个人化，将其归咎为施暴者和/或受害者的精神错乱或者是施暴者的自尊心低落和病态的妒忌心，特别是在他们的雄性气质和刻板的性别角色受到挑战时（Harris and Bologh，1985）；有些研究者更将男性的暴力归咎为女性的个性或行为（Pizzey and Shapiro，1982）。在同样关注于个人层面的社会学方面，社会学习理论（Social Learning Theory）尝试将男性针对女性的暴力解释为习得的行为，家庭暴力被视为“暴力的循环”或“代际传递的暴力行为”，它尝试去证明那些经历过父母间的家庭暴力或小时候曾被虐待的群体，有很大可能在成年后也会诉诸家庭暴力（Straus et al.，1980），此模式受到很多实证研究的支持（Franklin and Kercher，2012；Birkley and Eckhardt，2015）。但是，上述的分析因为在方法论上的瑕疵也受到激烈的批判，而且它们的结论都没有充分的证据和存在谬误的阐释（Johnson，1985；古学斌，2014）。从批判的视角来看，这些生物决定论以及个人化的阐释不能解释在特定情境下诸种类型的暴力，其对理解特定的家庭暴力贡献甚少。更严重的是，这类分析的另一个问题是它们淡化了个人暴力行为的责任以及社会结构和政治因素的影响，这很容易导致“责备受难者”（Blaming the Victim）的后果。

（2）资源视角。Goode（1971）的资源观点也常被用于解释家庭系统中亲密伴侣暴力侵害发生的原因。Goode 指出，暴力的使用更多的是来自较低社会经济阶层丈夫的实践和社会规范。因为经济阶层较低的人没有足够的资源，如收入、财富、就业状况和教育。因此，他们更有可能利用其他包括武力和暴力在内的资源，这些资源更容易获取，以便在家庭中维持他们的权威（Fidan，2017）。Goode 认为，低级别男性更可能使用体罚作为控制工具，因为低级别男性的资源少于中产阶级或高级别男性。大多数在中产阶级或更高阶层的人不愿意使用暴力作为控制工具，因为在任何社会系统中，特别是在家庭中，使用暴力的成本非常高。换句话说，中产阶级和更高阶层的男性更有可能使用广泛的资源，如经济资源，更高的社会声望、智慧和对财产的控制。中产阶级和更高阶层的男性通过更多地控制家庭或社会中的这些重要资源而获得更高的社会声望（Goode，1971）。当家庭发生冲突时，男性也可以通过外部资源协助重新控制家庭成员，特别是女性。因此，没有必要使用暴力。换句话说，Goode（1971）将暴力概念化为资源，就像物质资源一样。在没有物质资源的情况下，暴力可获得服从和遵守。暴力可以作为物质来源的替代品，作为权力基础（Goode，1971）。因此，Goode 的资源理论导致了这样的预测，即具有较低阶级地位的丈夫比具有较高阶级地位的丈夫更有可能使用暴力。他的理论得到许多研究的支持（Ogland et al.，

2014；Hoffman et al.，1994；Kishor & Johnson，2004）。

（3）社会交换视角（社会控制模式）。该模式认为个人行为所得到的报偿比所需要付出的代价大时，使得社会控制力减少而家庭暴力更有可能发生；施暴者所得奖赏通常为其情绪的宣泄，所付出的代价是对方是否会反击、控告或丧失尊严等。也就是说，暴力源自个人权衡代价后认为可以施暴。一个人会为了获取特定报偿而施暴，而社会则以逮捕、入狱、失去地位、收入等方式来增加暴力行为付出的代价。

（4）生态视角。生态视角试图在“环境中的人”框架内理解人类的经验和行为（Bronfenbrenner，1979，1986；Germain and Gitterman，1996）。认为应该从个人所处的社会环境的各个层次加以探讨家庭暴力的成因。Heise（1998）采取“生态模型”（ecological approach）来理解个人的、社会情境的以及社会文化等方面的因素如何交织在一起，在社会环境的不同层面相互影响而共同导致了家庭暴力。生态模型解释家庭暴力成因，认为并不存在唯一的因素单独地“导致”暴力，而是众多因素例如生物的和个人历史的、虐待发生的当下情境、社会制度与结构，以及经济和文化的环境，它们交织在一起提高了特定的男人在特定的情境下暴力虐待女性的可能性（Heise，1998）。Heise（1998）的生态模型包括四个层面，个人经历、微系统、外层系统及宏观系统（如图 2-1 所示）。

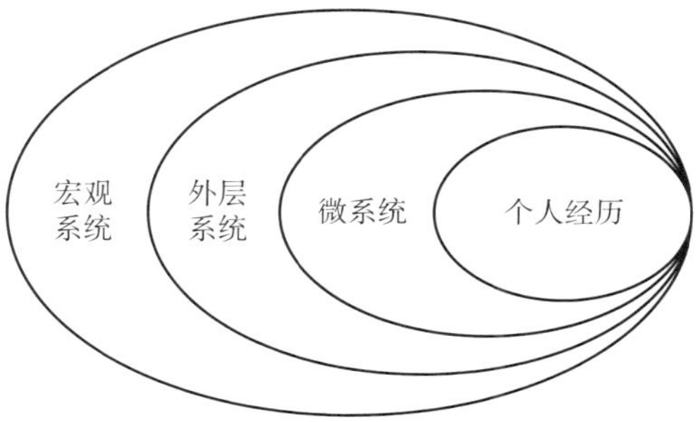

图 2-1　生态模型的四个系统

资料来源：Heise，1998。

个人经历包含目击暴力、被虐待、父亲缺失或被父亲拒绝；微系统包含男性在家庭占主导地位、男性控制家庭财富、酒精滥用、肢体或言语冲突；外层系统包含较低的社会经济地位 / 未就业、孤立的妇女和家庭、不良的同伴关系；宏观系统包含男性权利 / 女性权利、与攻击和支配有关的男子气概、严格的性别角色、可接受的人际暴力、可接受的身体惩罚。

（5）结构性视角。结构性视角常见于从社会学的冲突论和功能论、父权主义、女性主义的社会制度和文化准则论等方面来探讨家庭暴力成因。冲突理论认为，权力不平等是导致社会问题的基本因素。权力绝对集中的父权家庭里最有可能发生家庭暴力。掌权者一旦在社会上受挫，就会把家庭作为对社会不满的出气筒，并且家长的过于专制会导致其无法与家庭成员交流思想、分享感情，处于情感上的孤独境地，从而产生反常心态，诉诸暴力以巩固自身的地位和权威。功能学派指出，社会团结（social integration）在社会生活中不可或缺，它强调和谐合作和功能协调，每个人都有各自的社会功能、明确的行为规范和稳定的人际关系，否则就会出现冲突，导致“失范”（anomie）。因此，那些无固定住所的家庭容易出现家庭暴力，而建立和睦的家庭生活和协调的社会关系是防止家庭暴力的最佳办法。女性主义的社会制度视角认为，特定的社会性别构成和权力关系分配框架是研究虐妻现象的基础。虐妻从根本上是父权制的产物，是男性控制女性的手段之一，暴力的婚姻关系体现了男性对女性的主宰，是男性主导的社会文化结构的产物。要改变暴力的婚姻关系，首先必须改变现存的男性主权的社会结构。

对于家庭暴力成因，从理论上提供五大方向的框架，分别从个人视角、资源视角、社会交换视角 / 社会控制模式、生态视角以及结构性视角分析家庭暴力发生及运作的动力。五个视角关注的焦点不同，不同理论建构的研究视角也带来研究结果的差异。但仅有女性主义所主张的父权体制视角能够解释为何婚姻暴力的被害人多数是女性（Dobash and Dobash，1979；戴世玫，2013）。在华人社会家庭中，以男性为主导的社会结构以及在文化上所延伸出来的传统文化色彩，更需要从结构及文化层面去分析，中国“男尊女卑”的封建文化和不平等的性别关系是家庭暴力产生的主要根源，尤其是封建社会的父权制和男尊女卑观念、女性作为附属品的社会地位和角色、变迁社会中的男女平等要求和家庭变革导致的家庭成员间的权力斗争，是分析当代中国社会家庭暴力的重要维度（张李玺、刘梦，2004；阙祥才，2004；佟飞，2007；林美卿，2010）。

家庭暴力权力控制论，见图 2-2。这个模式展示了受暴妇女受到施暴者暴力权力与控制的多数形态，特别是男性家庭暴力加害人运用其权威以威胁、经济剥夺、言语否定，甚至利用孩子等 8 种不同的方式，来对女性被害人施加身体的、情绪的暴力以及性暴力，形成轮状的暴力圈，来表示不止一次的暴力。中国台湾学者戴世玫的研究以这个理论为基础，并借鉴了日裔美国学者 Mieko Yoshihama 立足东方社会文化情境的观点，针对日本受暴妇女的经验勾勒出“父权家族系统的受暴网”，进而发展出台湾地区本土的“台湾地区婚姻暴力图像”。第一，这一图像以“暴力合法化”为中心，认为孩子不但参与其中，也处在被利用和被决定的地位；第二，加害人经常使用各种不同的复合战术，同时出现许多不同于日本女性所遭遇到的形态，如信用剥夺、骚扰行为和利用舆论压力等；第三，除了加害人的施暴，女性被害人还要面对社会文化情境即来自婆家、娘家以及自幼所受的父权思想灌输和大众舆论，甚至是民间传统的信仰与习俗的影响；第四，通过社区邻里的舆论传递和媒体传播，所有的父权传统教条再次强化了暴力合理化的文化；第五，因为上述多方面的加害与压力，使得台湾女性被害人的内心经常游移在自主和隐忍之间，加上传统的性别角色与照顾家庭的责任，让女性更倾向于选择隐忍。

本研究期待从文化角度了解受暴妇女的求助行为，并认为戴世玫的暴力图对家庭暴力的本质解释更为贴切，并将家庭系统及社会文化情境纳入考量，使得女性遭受家庭暴力变得合理化有其文化、结构等的影响。为此，在第三节将会梳理华人文化对个人求助行为的影响。

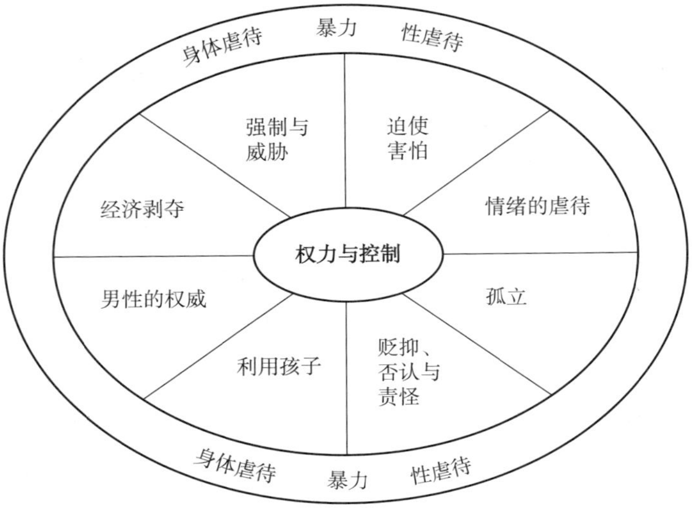

图 2-2　家庭暴力权力控制论

资料来源：Duluth，MN。

第二节

受暴妇女求助行为相关研究

一、求助行为的概念界定

求助（help-seeking）一词英文词义全称为“寻求帮助”，而在中文中可拆分为“求”“助”两个维度。寻求（seek）是一个动词，意味着“寻找，寻求，试图获得，获得，要求”。《新华字典》对求的定义为“设法得到”“请求”[①]。可见，寻求意味着这是一种预期的行为。帮助（help）在牛津词典中分为名词及动词，名词帮助被定义为“救济、治疗、补救”，“援助或援助来源”，而动词帮助则定义为“让（某人）更

① http://xh.5156edu.com/html5/64881.html.

容易做”或“改进情况或问题[①]”。《新华字典》对助的定义为“帮助协同，辅助”，帮助的定义则为“替人出力、出主意或给予物质上、精神上的支援[②]”。可见，“帮助”的定义表明，实际上是确定了具有外部干预的需求或者问题。从拆解的释义中，求助的定义包含了“求助者预期的行为”以及“施助者参与援助”。求助涉及了两个主体的人际互动过程，包括求助者与施助者的互动，这个互动产生的前提是求助者遇到需求或者问题。

在学术领域，最早给求助下定义的 Gourash（1978）将其概括为向他人表达一个问题或令人烦恼的事件，目的是希望能获得他人的支持、意见或协助。随后，在教育（Hsu，2005；Grayson，1993；Ryan et al.，2001）、健康（O’Mahony and Hegarty，2009；Scott and Walter，2010）、公共援助（Wacker and Roberto，2013；Pettigrew，1983）、组织行为（Bamberger，2009；Lee，1997）等领域陆续涌现各种有关求助意涵和概念的讨论。亲密伴侣求助行为的讨论也很丰富（Liang et al.，2005）。

由 Gourash（1978）的定义可知，他主要从求助者的角度出发，定义求助是个体遇到困扰时的应对方式。Nadler（1987）在 Gourash 的基础上拓展了求助主体，认为求助主体不仅是求助者，还包含施助者及求助问题，并且，Nadler 还提出求助是一个过程，此后求助的定义中基本延续了 Nadler 的求助定义中求助主体的界定及求助是一个过程的观点。Rickwood 等（2005）以及 Schonert-Reichl 和 Muller（1996）强调了求助是主动的、积极的（积极寻求帮助），其行动是基于对所识别问题的解释而定向的。Rickwood 等（2005）、Cornally 和 McCarthy（2011）以及 Bamberger（2009）的概念中强调求助是与他人交流、自我之外、人际过程。可见，求助行为是互动性的行为，在互动过程中换取求助者所需要的帮助，如信息、工具和情感等。Scott 和 Walter（2010）则从心

---

① Oxford Dictionaries Online（2019）. 获取网址：https：//www.lexico.com/en/definition/help，获得时间：2019 年 8 月 12 日。

② 在线新华字典，http://xh.5156edu.com/html5/z58m33j146962.html。

理层面描述求助者求助过程的心理机制，包含感知（perception）、解释（interpretation）、评估（appraisal）以及决策的过程，再施以行动，详见表 2–2。

表 2–2 西方学者对不同领域求助行为的概念定义整理

学者	定义	领域
Gourash（1978）	向他人表达一个问题或令人烦恼的事件，目的是希望能获得他人的支持、意见或协助	一般求助行为
Nadler（1987）	涉及接受者、施助者和任务或问题的三向互动过程	一般求助行为
Schonert–Reichl 等（1996）	个体为解决问题或处理关系而积极向包括朋友、家人和职业人员如教师、心理咨询工作者等寻求帮助的行为	教育
Rickwood 等（2005）	在健康领域，寻求援助意味着必须与他人进行积极的沟通，通过主动寻求他人的帮助，以便在应对令人痛苦的健康问题时获得理解、信息、建议、治疗及相关的其他支持	健康领域
Ohtsuka（2005）	一组实际上可产生效果的（effective）、有助适应的（adaptive），以及可以解决问题的策略性行为	健康领域
Morrison 等（2006）	受害者揭露暴力以获得某种形式的协助	受暴妇女
Staggs 等（2007）	受暴者具有想要获得情绪的（如倾诉、安慰或鼓励等）、实质的（如金钱、住处等）和信息的（如给予其他求助管道的信息等）的资源之动机而产生的决定与行动	受暴妇女
O'Mahony 和 Hegarty（2009）	寻求援助是应对健康问题或作为寻求健康行为过程的一部分	健康领域
Bamberger（2009）	员工向工作中的同事寻求帮助，以应对自己难以解决的困难的人际过程	组织行为
Scott 和 Walter（2010）	求助是包含感知（perception）、解释（interpretation）、评估（appraisal）及决策的过程，以及通过访问医疗保健专业人员来执行决策的能力和动力	健康领域
Waltz 等（2010）	一个人为了获得另一个人的帮助而进行的多阶段过程	一般求助行为

续表

学者	定义	领域
Cornally 和 McCarthy（2011）	在寻求自我之外的帮助过程中的任何行为或活动，涉及回应问题或令人痛苦经历的“理解、建议、信息、治疗和一般支援”	健康行为
Gover 等（2015）	IPV 受害者和幸存者的求助被描述为一种行动安排，包括寻求朋友、家人的建议和支持，获得咨询和 / 或医疗护理，打电话给警察等执法部门，搬到家庭暴力庇护所，追求保护令，或开始与施虐者合法分居或离婚	亲密伴侣

根据表 2-2 中的定义可以看出，学者们认为求助基本包含三大要素：第一，学者们大体都认同求助行为产生的基础是回应出现的困扰或无法单独改善的问题（Cornally and McCarthy，2011；Rickwood et al.，2005；Bamberger，2009；Lee，1997），为此，求助是包含能减缓个人在面对问题或压力事件时的紧张或痛苦状态之应对方法。第二，求助行为主体是主动的，求助行为被视为一个过程（Scott and Walter，2010；O'Mahony and Hegarty，2009；Schonert-Reichl et al.，1996），这个过程包含对问题的定义、求助决定中的考量以及采取的策略。第三，求助涉及求助者与施助者的人际互动过程，双方在互动中解决求助问题（Rickwood et al.，2005；Bamberger，2009；Lee，1997；Wacker et al.，2013）。学者们根据各自的研究领域对求助行为进行进一步的陈述。

在对受暴妇女求助行为的定义界定中，首先，学者基本延续着求助行为三大要素并结合受暴妇女的需要不断细化。在求助问题方面，问题识别和定义是求助行为发生的前提，受暴妇女在觉察暴力时，其求助需要被分为情绪 / 精神的支持 / 安抚、物质 / 工具的帮助、信息支持及权益保障等协助（Staggs et al.，2007）。其次，受暴妇女的求助行为被认为是一个连续动态的过程（Sabina et al.，2012；Goodman et al.，2003；Lempert，1996；Shurman and Rodriguez，2006；黄一秀，2000）。这一过程始于女性将男性的行为视为暴力和不可容忍的行为，从而决定挑战暴力（Petersen et al.，2004）。经历暴力的当事人会使用多元的策略应对关系中的暴力，并随着时间、暴力严重程度或效果而改变每次的策略，以及选择不同的求助对象。换言之，应对或求助策略并非一次性的事件或行为，当事人会随着问题的发展选择策略，每次的应对或求助也会受到复杂因素的影响。最后，在涉及与施助者的人际互动过程中，社会交换理论的要素在这里是显而易见的，一个人可以用知识或手段来交换问题，以解决或减少问题（Pescosolido and B. A，1992）。向他人求助比较不易被个人或社会接受，学者聚焦于求助过程中成本收益的考量（Kingsnorth and MacIntosh，2004；Choice and Lamke，1997），认为求助可能意味着个人某部分有不足或缺陷，因此，当个人求助时，通常已经历一连串成本与效益的衡量及内在挣扎，以期能够顺利控制所面临的情况（Liang，2005）。

结合以上文献梳理，本研究认为求助行为是一个漫长、复杂、变幻莫测及充满抉择的动态过程，妇女遭遇暴力后想要获得情绪 / 精神的支持 / 安抚、物质 / 工具的帮助、信息支持及权益保障等协助所产生的求助策略，包括当事人对问题的觉察、决定求助以及一连串成本与回报考量后做出的求助策略，会受到个人特质、人际关系网络及社会文化因素的影响。

二、受暴妇女求助行为的理论解释

国外对受暴妇女求助行为的研究成果较为丰富，鉴于此，梳理并探讨受暴妇女求助行为的前沿性研究显得非常重要，有助于为建构本土化的受暴妇女求助行为模式提供参考。依照时间梳理，受暴妇女求助行为的理论大体有以下 14 个理论 / 模型，见表 2–3。

表 2–3　受暴妇女求助行为解释理论

理论	作者	年份
习得性无助模型（Learned Helplessness Model）	Lenore Walker	1979
幸存者模型（The Survivor Model）	Gondolf 和 Fisher	1988

续表

理论	作者	年份
自我恢复理论（Reclaiming-self Theory）	Merritt 和 Wuest	1995
求助障碍模型（The Barries Model）	Grigsby 和 Hartman	1997
理性选择模型（Rational Choice Model） 理性选择理论（Rational Choice Theory）	Choice 和 Lamke Kingsnorth 和 MacIntosh	1997 2004
受暴妇女跨理论模型（Transtheoretical Model）	Burke	2001
求助和改变过程模型 （A Model of Help-Seeking and Change）	Liang 等	2005
社会陷阱求助障碍模型（Barriers to Help-Seeking） 求助障碍描述性模型 （A Descriptive Model of Barriers to Help-Seeking） 亲密伴侣暴力求助障碍污名模型 （A Model of Sexually and physically Victimized Women's Process of Attaining Effective Formal Help） 遭受性虐待和身体虐待妇女获得有效正式帮助的过程模型	Moe Beaulaurier 等 Kennedy 等	2007 2008 2012 2012
受暴妇女求助的女性主义理论 （Feminist Theory of Battered Women's Help-Seeking）	Burgess Proctor，A	2013
个体因素的综合行为模型 （Integrated Behavioral Model of Individual Factors）	Fleming 和 Resick	2017

经过文献梳理，本研究认为受暴妇女求助模式基本可归纳为三种类型，见表 2-4，包括心理反应模型、过程模型及社会文化模型。不同的理论 / 模型有其重点，理论之间有相互的批判，但理论 / 模型之间也存在重叠之处。

表 2-4　受暴妇女求助行为解释理论分类

类别	理论名称	重点
心理反应模型	习得性无助模型 幸存者模型 自我恢复理论	聚焦于求助行为中个体心理反应、认知
过程模型	求助和改变过程模型 理性选择理论 计划行为理论 跨理论模式 个体因素的综合行为模型	视求助为一个过程，这个过程受到诸多因素影响

续表

类别	理论名称	重点
社会文化模型	求助障碍模型 社会陷阱求助障碍模型 求助障碍描述性模型 求助障碍污名模型 遭受性虐待和身体虐待妇女获得有效正式帮助的过程模型 受暴妇女求助的女性主义理论	强调文化及结构对求助行为的影响

1. 心理反应模型

心理反应模型包含习得性无助模型（Learned Helplessness Model）、幸存者模型（The Survivor Model）、自我恢复理论（Reclaiming-Self Theory）。

Lenore Walker（1979）开创性地尝试对“受虐妇女”的行为和决定进行理论化。在发展她的受虐妇女综合征理论时，Walker认为，严重的、断断续续的暴力在受虐妇女中产生了强烈的习得无助感，这表现在她们未能离开她们的虐待伴侣。此模型虽然不是寻求帮助的理论，但Walker的论点认为，随着暴力的严重程度升级以及由此导致的心理“瘫痪”变得更加明显，女性寻求帮助的努力将会减少。习得性无助模型深入剖析了亲密伴侣暴力背后的文化刻板印象，并开创性地构建了一个专注于受害妇女经历的研究领域（Gover et al.，2015）。然而，尽管该理论框架致力于将受虐妇女的行为与决定置于理解与同情的视角之下，但习得性无助概念本身却饱受批评。它被指责过分强调受虐妇女的病理特征（Gondolf and Fisher，1988；Grigsby and Hartman，1997），从而不自觉地延续了对受害妇女被动与温顺形象的传统刻板印象。更重要的是，对受虐妇女寻求帮助的几项实证研究发现了直接驳斥学习无助理论的证据（Bowker，1983；Burgess Proctor，2012；Pagelow，1981）。

Gondolf和Fisher（1988）发现虐待的加重以及施虐者的反社会行为增加，与女性寻求帮助的行为增加有关。Gondolf和Fisher（1988）的幸存者模型在6000多名家庭暴力庇护所居民的样本中，有力证明了女性在面对不断升级的亲密伴侣暴力时，能够采取积极的抵制措施并通过增加外部求助来应对，从而有效挑战了传统上关于受虐妇女综合征的假设。在幸存者模型的观点下，受害者在暴力关系中不是被动和无助的，当受暴妇女拥有足够的资源，她们就会离开施暴者。因此，这个框架强调受虐妇女通过采取各种求助策略来积极抵制和回应她们所受的虐待，幸存者模型是对习得性无助模型的驳斥，幸存者模型是求助理论化的发展，特别是学习习得性无助理论的重要进步（Burgess Proctor，2012）。与Gondolf和Fisher（1988）的幸存者理论一致，Merritt和Wuest（1995）的自我恢复理论（Reclaiming-Self Theory）强调受害者在终止关系过程中的积极抵抗，并且不同意暴力造成的习得性无助这样的理解。自我恢复理论中受虐妇女开始是放弃一部分自我进而努力最小化暴力并加强防御，等候时机到来打破暴力，脱离受暴环境。然而，心理反应模型的基本假设为影响受虐妇女寻求帮助的变量仅限于个人和人际关系层面，因此几乎没有机会研究女性的决策如何由更广泛的社会系统构成，心理反应模型没有为社会结构力量提供足够的建议。

2. 过程模型

过程模型主要包括跨理论模式（Transtheoretical Model）、求助和改变过程模型（A Model of Help-Seeking and Change）、理性选择理论（Ration Choice Theory/Model）、计划行为理论（Theory of Planning Behavior）、个体因素的综合行为模型（Integrated Behavioral Model of Individual Factors）。

整体而言，过程模型侧重描述内部和外部对受害者反应的非线性顺序，并考虑求助过程而不是离散事件。自责、羞愧、害怕报复这些是内部的反应，否定判断、失去儿童监护权、无家可归可能会影响受害者的外部行为反应（Lutenbacher et al.；Peckover，2003），如试图管理伴侣暴力，寻求非正式和正式的帮助，以及多次结束和重新开始虐待关系

（Liang et al.，2005）。

亲密伴侣暴力求助的最被广泛认可的模型之一，就是求助和改变过程模型，此模型针对亲密伴侣暴力污名的体验反应，将其分为三个认知阶段（Liang et al.，2005），包括：①认识、定义和评价他们的虐待关系是有问题的；②决定寻求帮助；③确定适当的支持来源，该模型将求助概念化为一种互惠的“多层次”过程，这个过程为非线性的，在某些情况下是双向影响的，每个阶段都可以塑造并影响其他阶段，认知过程中的每个阶段还可能受到个人、人际关系和社会文化因素相互的影响（Liang et al.，2005）。求助和改变模式被认为是心理学文献中关于受暴妇女求助的最全面的理论（Burgess Proctor，2012），也是未来研究受暴妇女求助行为最有前景的理论。

其他过程模式描述了更深入的求助决策和认知。Kingsnorth 和 MacIntosh（2004）使用理性选择理论来理解受虐妇女的求助。其中受害者披露的成本和收益被权衡（如受暴类型、持续程度与受害者披露事件后受到保护的可能性）然后做出决定。虽然许多理性选择应用在犯罪行为的成本—收益分析上，但很少考虑应用在受害者身上，所以理性选择理论有助于理解受害者寻求帮助的行为，理性行为理论试图让刑事司法系统官员参与受害者生活的成本和收益权衡（Kingsnorth and MacIntosh，2004），有助于理解受害者的求助行为及求助决策。此外，Choice 和 Lamke（1997）提出了一个理性选择模型，该模型为正在考虑结束暴力关系的受害者提供两个主要问题：“我会变得更好吗？”和“我能做到吗？”这些问题代表了结束暴力关系的感知成本和收益的权衡，同时理性地考虑一个人获得可持续独立所需的资源。然而，女权主义者对亲密伴侣暴力研究的见解表明，理性选择理论可能过于简单化，无法充分捕捉受虐妇女寻求帮助决策的复杂性。过于将求助者视为静态的单阶段现象，而看不到其随时间变化的演变方向（Burgess Proctor，2012）。

Prochaska 和 DiClemente（1982，1983）、Prochaska 和 Velicer

（1997）最早提出跨理论模式，认为人的行为改变包含六个阶段，即前沉思期、沉思期、准备期、行动期、维持期、结束期，并将行为的改变纳入时间因素，不再将行为改变视为一个单一事件。Burke 等（2001）应用跨理论模式分析受暴妇女的改变阶段，认为受暴妇女经历了不承认暴力（前沉思期）、承认暴力（沉思期）、考虑选择（准备期）、选择行动（行动期）和使用安全策略保持免受暴力（维持期）。但跨理论模式过于强调个体在求助行为过程的认知及改变，忽略了求助过程个体所受社会文化环境之影响，这也是该理论的不足之处。

Fleming 和 Resick（2017）的个体因素综合行为模式使用 Andersen 家庭健康服务行为模型（Behavioral Model of Families' Use of Health Services）和计划行为理论（TPB）研究亲密伴侣暴力（IPV）女性幸存者求助行为中个体行为的预测因子。研究发现 Andersen 模式易感因素（包括年龄增加）与促成因素（需求变量：包括较低的抑郁水平、较高的心理攻击水平，以及更高水平的唤醒和回避 / 趋势 PTSD 症状）与求助行为正相关；计划行为理论中，行为的个人信仰、社会影响（他人对行为的信念）和感知行为控制（一个人的信念）所建议的变量，资源的有用性和暴力的感知可控性，也与寻求帮助有很大关系。然而，研究两种变量组合而成的个体因素综合行为模式发现，个人信念和感知行为控制因素而非社会影响因素是寻求帮助的关键预测因素。此模式强调认知评估在受暴情境中的潜在重要性，因为女性对她的情况控制和资源潜在有效性的评估似乎能在她寻求帮助的决定中发挥作用（Fleming and Resick，2017）。

3. 社会文化模型

尽管心理反应模型和过程模型在解释求助行为方面取得了成功，但批评者认为这些模型对文化和结构变量的解释不充分（Burgess Proctor，2012）。众多学者提出受暴妇女求助障碍模型以及女性主义路径模型，强调了社会文化及结构的影响。

Overstreet 和 Quinn（2013）发展的亲密伴侣暴力求助障碍污名模式，认为污名包括三部分，文化污名（cultural stigma）、内化的耻辱感（internalized stigma）和预期耻辱（anticipated stigma），三种污名会阻碍经历 IPV 的人的求助行为。文化污名是指贬低经历 IPV 的人的合法社会信仰和态度；内化的耻辱感是指经历 IPV 的妇女将外界的羞耻评价或标准内化为自己内心的道德规范和自我约束，从而影响自己的行为和情感反应；预期耻辱指的是受害者担心其他人意识到自己受到虐待的后果。IPV 在个体和人际层面上的污名化经历受到两个额外因素的调节：中心性（人们认为身份是他们自我定义的重要组成部分的程度）和显著性（一个身份在多大程度上是可接近的）。该模型表明，经历 IPV 的妇女可能受到 IPV 发生的社会文化背景的负面影响（Overstreet and Quinn，2013）。

Ptacek（1999）从“社会陷阱”视角来解释女性在试图摆脱虐待关系时面临的障碍，当妇女试图逃避虐待关系时，她们的努力往往因制度反应不足而受挫（Alaggia，2012）。

Moe（2007）通过应用 Ptacek（1999）的“社会陷阱”概念来解释受虐待女性的求助行为，对家庭暴力庇护所居民进行的定性访谈显示，施暴者的战术、非正式和正式支持反应不足以导致受害者自责，并重返暴力关系。求助中的污名和社会陷阱模式被一个称为“障碍”或生态模型的视角子集联系起来。Grigsby 和 Hartman（1997）的“障碍模型”表明受虐妇女面临四种类型的障碍，由四个同心圆构成，由外至内依次为：①环境中的障碍；②由于家庭、社会化和角色期望而产生的障碍；③暴力的心理后果的障碍；④儿童虐待 / 忽视问题的障碍。在干预策略中，最外层的环境中的障碍被认为是治疗的第一步，帮助受害者获得资源并消除其环境中的障碍可能会挽救其生命。其次，若在处理外部障碍之前，先更多地关注内部障碍，这将增强受害者的孤立感和自责感，即她有问题，或者她的历史导致她受到虐待（Grigsby and Hartman，1997）。同样，Beaulaurier 等（2008）针对老年妇女受虐群体建构了求助障碍描述性模型，该模型显示家庭暴力经验和寻求帮助的障碍有很强的关系，求助障碍包括内在障碍及外在障碍。内在障碍包括无力感（powerlessness）、自责（self-blame）、隐私（secrecy）、保护家庭（protecting family）和绝望（hopelessness）。外在障碍则包括家人的反应、神职人员的反应、执法系统、社区资源四大因素。内在和外在因素的共同作用，以及施暴者通过隔离（isolation）、恐吓（intimidation）、戒备（jealousy）等方式限制妇女的求助，共同制造了妇女的求助障碍（Beaulaurier et al.，2008）。同样，Kennedy 等（2012）构建了一个遭受性虐待和身体虐待妇女获得有效正式帮助的过程模型。该模型考虑了亲密伴侣暴力受害者累积的伤害、创伤、共同发生的压力、社会认同等因素（如与经济机会、暴力伤害、慢性压力以及与社会经济地位，种族 / 民族和性别 / 性相关的社会认同的体验）。此外，该模型还整合了一种生命历程的方法，该方法考虑了人生的发展轨迹和角色转换，如婚姻与父母身份。该模型的独特之处在于它强调获得所需的援助和支持，而不是关注求助的障碍和 / 或过程。最近，Burgess（2012）扩展了女性主义路径模型，以解释亲密伴侣中女性求助行为的特定机制，发现寻求帮助存在一个抑制因子及三个促进因素。求助行为抑制因子是受暴女性先前创伤史的影响，即童年遭受过或目睹过家暴的将抑制其求助，三个求助行为促进因素包括“足够”并且有必要行动的要点、“转折点”即暴力可能致命的严重性以及虐待她的孩子，这三个促进因素是受暴妇女求助的促进剂。此模式提出了在提升及干预受暴妇女的求助行为时应重视处理受暴妇女的童年经历（Burgess Proctor，2012）。

以上的受暴妇女求助理论 / 模型分类不是绝对切割的，实际上，上述理论有其相互交叉或重叠之处。例如女性主义路径及幸存者理论、障碍模型都研究了与披露过程相关的不同内部因素（如个人因素、性别等）和外部因素（如环境、社会、政治等）的作用，过程模式中各个阶段也受到个体认知、人际及社会文化相互的影响。

三、受暴妇女求助行为影响因素研究

求助行为影响因素可用生态框架进行检查（Heise，1998），生态框架最初是作为理解人类行为的方法而开发的，该框架表明人类环境嵌套在相互关联的等级系统中（Bronfenbrenner，1979）。这些相互关联的系统将行为归因于个人、家庭、社区、国家政策、文化信念层面的因素。例如，微观系统关注的是个人特征，如一个人的教育水平或关系中的平等。或者，社会系统或宏观系统包含一个群体的特定动态，如文化或国家（Bronfenbrenner，1979）。因此，个人行为受到社会更广泛的影响，这可能对寻求帮助的行为产生影响（Goodson and Hayes，2021）。现有的受暴妇女求助行为影响因素研究，主要包括受暴妇女求助行为调节因素、受暴妇女求助行为促进因素以及受暴妇女求助行为的障碍因素。以下分点陈述。

（一）受暴妇女求助行为调节因素

基本的人口统计学特征研究表明受虐待妇女的年龄（Ellsberg et al.，2001a；Hyman et al.，2009b），女性的社会经济地位（Hyman et al.，2009b；Mahapatro et al.，2014）、教育（Coker et al.，2000）以及工作状况、收入（Kaukinen et al.，2013）、种族（Klopper et al.，2014；Henning and Klesges，2002）、移民身份（Gover et al.，2015）都会影响求助决定。

大部分研究认为与独立和自给自足相关的因素，如教育、工作状况、收入与求助行为呈正相关（Okenwa et al.，2009；Mahapatro et al.，2014；Kaukinen et al.，2013），经济依赖因素与求助行为呈负相关。理由是教育程度高、收入高的女性更有可能意识到亲密伴侣暴力是不可接受的或在可用资源（Okenwa et al.，2009；Mahmud et al.，2012；Goodson and Hayes，2021）、决策方面拥有更高的自主权，她们更有可能寻求帮助（Dalal，2011；Hayes and Franklin，2017；Paul，2016）。另外，也有研究发现这些因素与求助行为不相关（Leone，Johnson and Cohan，2007；Kaukinen et al.，2013）或负相关（Mahapatro et al.，2014）。有研究发现，受过高等教育的女性更倾向于寻求正式支持网络而非非正式支持网络的帮助（Tenkorang et al.，2016），因为，受教育高的女性更在意她们的家庭声誉，求助于非正式支持网络会让她们在家庭声誉中受损；也有研究认为，争取她们的权利而采取的任何行动都会影响她们在社会上的声誉（Mahapatro et al.，2014），收入高的女性担心就业和经济地位受影响而不太可能将受暴经历透露给他人（Kaukinen et al.，2013）。

在社会经济地位（SES）方面，较低 SES 的人比中高 SES 的人使用更少的非正式支持（Barrett and St.Pierre，2011）。Leone 等（2007）对大多数低收入少数民族妇女的研究发现进一步支持了这一观点。

在年龄方面，有研究发现年龄是求助行为的抑制因素，年龄较小的受害者比年长的受害者更有可能披露她们的 IPV 经历（Barrett and Pierre，2011）。但 Yoshioka 等（2003）发现了矛盾的地方，即年龄较大的少数民族女性更多地会向家人和朋友透露 IPV 经历，因此，也有研究认为年龄对披露 IPV 这一主题的能力是有限的（Sylaska and Edwards，2014）。

在城市与农村地区，城市的求助比例更高。城市女性的求助行为数量明显多于农村女性（Shannon et al.，2006；Gover et al.，2015）。基于人口统计学变量在研究相关性的结论上不都是一致的，因此，人口统计学变量更多被视为求助行为的调节变量因素（Nadler，1991）。

（二）受暴妇女求助行为促进因素

经过文献梳理，归纳出主要影响受暴妇女求助行为的促进因素为个体因素、情境因素、社会及环境因素，具体如下：

1. 个体因素：感知的自我效能感及对女性主义认同感高

首先，感知的自我效能感可能影响女性向其他人披露 IPV 的意愿

（Gelles and Harrop，1989；Rhodes and McKenzie，1998）。其次，个体层面对女性主义的认同感越高，持有接近女性主义主流概念的受暴妇女越容易求助于正式和非正式的支持（Liang et al.，2005）。

2. 情境因素：特定事件成为正式求助的转折点

研究发现，在特定事件或一系列事件促使她们寻求帮助之前，一些女性可能会拒绝正式的求助（Fugate et al.，2005），特定事件的发生成为妇女求助的“转折点”（Turning Point），Patton（2003）将转折点定义为“那些最能影响女性离开并建立新生活的决定性事件，以及女性改变生活的决定”。事实上，与“转折点”具有同样概念的“决定性时刻”（decisive moment）、“门栏”（gate bar）的概念已被用于其他分析，以解释受虐妇女寻求帮助的决定（Fugate et al.，2005）。研究发现，暴力及控制行为日趋严重、儿童的人身安全受到威胁都成为求助正式资源的“转折点”。

与非严重受虐待的妇女相比，身心遭受严重和频繁暴力的妇女求助正式支持服务的可能性更大（Leone et al.，2014；Fanslow and Robinson，2010；Parvin et al.，2016；Johnson and Leone，2005；Kiss et al.，2012；Hayes and Franklin，2017；Gondolf，1998），警察、妇女非政府组织、医疗保健服务或住所服务是常见的正式求助资源，其他研究结果也报告了相似的情况（Hollenshead et al.，2006；Coker et al.，2000；Parvin et al.，2012）。经历过严重性虐待的女性正式求助可能性也大（Tengku Hassan et al.，2015）。相反，与正式支持相比，遭受较少严重暴力的女性偏向求助于非正式支持（Yoshioka et al.，2003；Leone et al.，2014）。在暴力类型方面，研究发现，性作为最隐私的事情，揭露会带来羞耻感，性暴力和情感暴力的受害者不大可能寻求帮助（Tenkorang et al.，2013）。此外，也有研究发现，经历控制行为的 IPV 受害者更有可能披露并求助于正式服务，她们更能够识别暴力是有问题的（Rowan et al.，2015），因为高控制行为的暴力将受害者与家庭网络隔离开来（Linos et al.，2014b），虽然以上研究的大部分内容都集中在西方国家的 IPV 受害者的经历上，但新兴研究已经在发展中国家证明了类似的发现（Hayes and Franklin，2017；Naved et al.，2006；Tenkorang et al.，2016）。事实上，发展中国家受虐待的妇女更有可能寻求帮助，因为虐待的严重程度升级到无法忍受的程度，甚至企图结束受害者的生命（Kiss et al.，2012；Jayasuriya et al.，2011；Ergöçmen et al.，2013）。在亚洲进行的一些研究表明，“不能再忍受”是 IPV 受害者寻求帮助的主要和最常见原因（Tengku Hassan et al.，2015；Parvin et al.，2012）。可见，暴力严重程度和控制行为的经验可能会增加 IPV 受害者寻求帮助的可能性。

处于暴力关系中的儿童的存在也与寻求帮助有关（Meyer，2010）。儿童的存在增加了披露的可能性（García-Moreno et al.，2005b；Meyer，2010；Parvin et al.，2016），特别是虐待孩子或施暴者致使她们的孩子处于危险之中（Kiss et al.，2012）成为受暴者求助的“转折点”。总体来说，特定事件中施暴的严重程度、高控制行为、儿童受虐都会成为受暴妇女正式求助的转折点。

3. 社会及环境因素：资源的有用性

资源的有用性也影响受暴妇女求助行为（Fleming and Resick，2017）。研究发现，当受暴妇女看到资源可用且有帮助时更有可能寻求帮助（Fleming and Resick，2017；Di Leone et al.，2013；Paranjape et al.，2007）。但另外一个研究则相反，Lempert（1997）的定性研究中，当被殴打的女性认为她们的资源和替代方案已经失效，或自身能力无法阻止暴力时才寻求帮助（Liang et al.，2005）。

（三）受暴妇女求助行为障碍因素

经过文献梳理后，受暴妇女求助行为障碍研究方面大体归纳出个体、情境、人际、文化、政策五大因素是影响受暴妇女求助行为的障碍，具体梳理如下：

1. 个体因素

习得性的无助感、有相同背景的成长经历（创伤史）、负面的求助经验、对暴力有高的容忍度及内化的羞耻感都会成为受暴妇女个体层面求助的障碍。受暴妇女害怕来自伴侣的进一步暴力（Hyman et al.，2009a），也害怕离开会威胁到人身安全，害怕与施暴者分离后亲密伴侣杀害女性的风险（Campbell et al.，2009），这些严重的习得性无助感会使得她们难以离开她们的伴侣。Burgess Proctor（2012）则从时间的维度找寻个体成长经历，发现童年受虐经历容易抑制成年后的求助行为。求助经验也会影响求助意愿（Liang et al.，2005），如果受害者与其家人和服务提供者（如警察和刑事司法系统）有负面经历，求助行为在很大程度上会受到抑制（Tenkorang et al.，2016）。此外，研究发现女性将暴力视为正常行为（Morrison et al.，2006），或女性对暴力有高的容忍度（García-Moreno et al.，2005），女性披露及求助的行为较少，特别是性别规范和根深蒂固的性别期望，使得受害者更倾向于证明虐待的合理性（Antai，2008；Koenig et al.，2003；McCleary-Sills et al.，2016）。最后，羞耻感文化影响受暴者的观念，内化的观念使得受暴者认为揭露亲密伴侣暴力经历会带来羞耻和耻辱，从而抑制受暴妇女的求助行为（Rodríguez et al.，2009a）。

2. 情境因素：现实处境的考量

现实处境中对子女的考量、遭受报复、家庭关系破损、经济依赖及性暴力是受暴妇女求助的障碍因素。研究指出，受暴妇女对子女安全的恐惧，担心子女遭受同样的暴力（Anderson and Saunders，2003；Ellsberg et al.，2001b；Du Mont et al.，2012；Fisher and Stylianou，2016；陈秋莹等，2006；黄一秀，2000；康萦蓥，2018）、个人遭受更严重的报复（Kaukinen，2004）、家庭关系及完整性被破坏（Beaulaurier et al.，2008）、害怕失去监护权（Fugate et al.，2005）是阻碍受暴妇女求助的原因。另外，研究发现经济受限 / 经济依赖也会限制妇女的求助行为，受暴者担心自己是否有能力抚养孩子（Beaulaurier et al.，2008；Kaukinen et al.，2013），施暴者经常阻碍受害者管理自己的财务，从事工作和/或教育活动，或使用工资来建立经济独立的能力（Moe and Bell，2004；Postmus et al.，2012；Stylianou et al.，2013；Fisher and Stylianou，2016）。Sedziafa 等（2016）的研究证实了这一点，受暴妇女无法负担到警察局的交通费用也是求助障碍之一。遭受性暴力的妇女出于对隐私的保护不太可能寻求帮助，特别是在大多数与性暴力有关的案件未报告时（Sedziafa et al.，2016；Tenkorang and Owusu，2013）。

3. 人际因素：非正式支持网络的负向功能

非正式支持网络被认为是受暴妇女求助的重要组成部分，能改善受暴妇女心理健康，提升其寻求正规帮助的意愿和能力（Gondolf and Fisher，1988；Horton and Johnson，1993；Liang et al.，2005）。但是研究也发现，潜在支持者的反应会影响受害者的求助行为，特别是潜在支持者不能发挥正向功能时，会导致受害者更不希望个人问题进入公共领域，成为求助的障碍。如子女或者其他家庭成员不相信受害者，或对她们揭露的施虐者的暴力行为感到极其愤怒时（Beaulaurier et al.，2008），这些来自家庭的压力，使得家庭暴力成为家庭隐私事件，避免曝光于公众，会抑制受暴者的求助意愿（Sedziafa et al.，2016）。事实上，IPV 可能被视为对家庭内部冲突的适当反应，特别是在性别规范受到侵犯时（Wilson-Williams et al.，2008）。因此，这些社会规范和期望的存在影响受害者及其家人的认知，从而限制了她们求助的能力（Jayasuriya et al.，2011；Linos et al.，2014；Naved et al.，2006；Tenkorang et al.，2016）。

受暴妇女害怕来自伴侣的进一步暴力（Hyman et al.，2009a），也害怕离开会威胁到人身安全，害怕与施暴者分离后亲密伴侣杀害女性的风险（Campbell et al.，2009）。

4. 文化因素：性别角色文化、社会文化规范

文化预期和社会后果往往阻止受害者解除虐待关系和寻求帮助。如

上文所提及，非正式支持网络不支持受暴妇女将隐私公开化，常与社会对女性的性别角色期望以及社会文化规范有关。暴力常被接纳度高的社会认定为家庭隐私或正常化暴力行为，强调家庭隐私和性别角色期望的现有社会文化规范（Okenwa et al.，2009；Ola and Johnson，2013；Tenkorang et al.，2016）、重视家族荣誉及家族凝聚力（Parvin，2016）会弱化受暴妇女的求助意愿。在这种文化规范下，受暴者往往保持沉默，因为她们害怕施暴者，害怕被社会网络隔离，甚至将暴力内化成自身责任并接受暴力（McCleary-Sills et al.，2016；Jayasuriya et al.，2011），内化的社会耻辱感会进一步抑制其求助意愿（Overstreet and Quinn，2013）。若公开受暴行为被解释为抵制规范性的父权制特权，受暴者会受到其家族的制裁（Ola and Johnson，2013）。此外，家庭荣誉也会影响受害者的求助行为，Parvin 等（2016）针对贫民窟妇女进行的调查也有同样的发现，为了维护家庭荣誉并避免向局外人披露尴尬，受暴妇女不愿向任何局外人透露暴力事件。可见，父权主导的社会结构，坚持传统的性别角色，重视家庭凝聚力的社会文化是女性在家庭以外求助的障碍。

5. 政策因素：政策及服务输送系统不完善

政策及服务输送体系是受暴妇女求助于正式社会支持网络的障碍之一。有的研究发现，受暴妇女缺乏相关服务的信息或与现有服务隔绝（Hyman et al.，2009a；Parvin et al.，2016），以及缺乏社会资源获取的途径（Goodson and Hayes，2021）。还有其他因素影响，如行政司法程序过于复杂，Mahapatro 等（2014）认为现行的行政及司法模式是围绕法律机制的规则和程序构建的，这些规则及程序对于教育文化水平较低以及经济依赖的受暴妇女来说是并不熟悉的，这也使她们难以获得适当的帮助。在服务输送系统方面，Beaulaurier 等（2008）研究发现求助服务输送系统使用过程复杂也阻碍了受暴妇女的求助行为，这些在发展中国家的相关研究中有具体的陈述。例如，求助于司法系统的妇女面临一个不可避免的法庭程序，因为它迫使妇女多次讲述自己的故事，参与数字化的程序，反复面对她们的施暴者，并使她们的事件成为公共的议题（Epstein et al.，2003；Bennett et al.，1999），当这个过程看起来很复杂时，女性往往不愿意经历这个过程（Coulter et al.，1999；Raphael，2004）。对警察系统的不信任也是求助障碍因素之一，一些研究表明对警察持消极态度（Huang and Vaughn，1996），不太相信警察有公平和公正的能力（Hagan and Albonetti，1982；Myers，1996；Wortley，1996），从而阻碍了受害者求助。此外，不友善的服务输送系统也会阻碍受暴妇女的求助行为，Mahapatro 等（2014）研究发现，即使妇女鼓起勇气接触外部机构，她们也会遇到不敏感的态度和不充分的补救机制，因为社会规范和政策更关注将离婚作为一种惩罚行为，对受暴妇女实际的帮助不足。发展中国家的资源可能有限，这可能也会削弱受暴者寻求帮助的能力。最后，对暴力有宽容的法律和态度的国家可能会进一步限制受暴妇女求助（Goodson and Hayes，2021）。

以上五种障碍因素并非割裂的状态，各种因素之间相互影响，如相关的政策不完善会影响个人的求助途径，为受暴妇女提供服务的资源不足会使得妇女在现实处境中有更多的考量与担忧。传统社会文化规范的影响，会加深非正式支持网络以及受暴者对暴力正常化的认知，致使受暴者内化成自身责任。

四、受暴妇女求助行为的跨文化研究

受暴妇女求助行为的跨文化研究侧重对不同族群间以及移民身份对于正式求助及非正式求助的差异性进行比较，并归纳出不同族群求助行为受到文化的影响。

国际上针对不同族群的求助行为的比较，以白人妇女与非洲裔美国女性、西班牙裔 / 拉丁裔妇女和南亚女性为主。不同族群在 IPV 求助行为方面的研究结论既有相似之处亦有较大的差异。相似之处：大部分研究发现无论何种族群，受暴妇女的非正式求助高于正式求助（Yoshioka et al.，2003；Kaukinen，2004；Barrett and Pierre，2011）。移民和少数民族或族裔群体中求助比例较低（Raj and Silverman，2007；Hyman et al.，2009）。差异之处则是不同种族之间求助行为并无一致的结果。有些研究发现，无论正式求助还是非正式求助，白人妇女比非白人妇女更愿意寻求 IPV 帮助（Lipsky et al.，2006；Ahmed and McCaw，2010；Durfee and Messing，2012；El-Khoury et al.，2004；Flicker et al.，2011；Grossman and Lundy，2003；Henning and Klesges，2002），黑人或其他族裔求助行为较少（Barrett and Pierre，2011；Kaukinen，2004；Lipsky et al.，2006）。但也有关注种族差异的研究并没有通过种族找到显著的结果，有研究发现与白人妇女相比，非洲裔美籍和西班牙裔 / 拉丁裔妇女更有可能寻求 IPV 的支持（Ackerman and Love，2014；El-Khoury et al.，2004；Lipsky et al.，2009；Lipsky and Caetano，2007；Rodriguez，2001）。因此，这些结果表明，IPV 幸存者的求助行为在不同文化群体之间并不一致。

在少数民族 / 族裔群体方面，研究发现南亚族裔的正式求助比例较低（Rao et al.，1990），家庭成员更少鼓励南亚妇女离开其伴侣（Liang et al.，2005），华人地区的族群求助研究也有同样的发现，少数民族在遭受家庭暴力时更多采取隐忍而不求助的态度（古学斌，2014）。

在移民身份方面，移民身份会抑制 IPV 受害者的求助行为（Kim and Lee，2011），Rodriguez 等（2001）发现，与在美国出生的女性相比，在美国以外出生的女性向临床医生透露虐待的可能性更小。这些发现得到了 Ingram（2007）的支持，他还发现，拉丁裔移民幸存者联系 IPV 正式支持服务的人数明显少于非移民非拉丁裔幸存者。这些发现与 Hilbert 和 Krishnan（2000）的理论相呼应，即文化规范和习俗可能阻止 IPV 幸存者披露她们的虐待经历，而这些相同的规范可能与接受身体虐待有关，从而阻止她们获得帮助（Rodríguez et al.，2009）。这突出了移民者的身份和文化规范对受暴后求助行为的影响。另外，也有研究发现，移民身份会带给 IPV 受害者难以接近的社会支持系统和社会隔离，限制了她们的求助（Reina et al.，2014；Gover et al.，2015），特别是她们在居住国的法律地位，对被驱逐出境的恐惧导致她们屈服于 IPV 而不求助（Raj and Silverman，2002）。移民的文化适应也会影响 IPV 受害者的求助行为，Cho（2012）以中国香港移民为对象，发现随着时间的推移，移民在香港居住的时间越长，文化适应水平越高，移民的求助行为会增加。

五、现有研究的综合检视

经过文献梳理，较为清晰地了解了受暴妇女求助的解释理论，主要包括聚焦于求助者个体的心理反应模型、求助过程模型及社会文化模型；求助行为的影响因素包含基本人口统计学的调节变量，个体、情境、社会及环境影响的促成因素，以及个体、情境、人际、文化及政策影响的求助障碍因素；跨文化研究注重对不同族群间以及移民身份对于正式求助及非正式求助的差异性进行比较。结合对现有研究的分析和反思后，认为存在以下几个问题：

（1）受暴妇女求助行为研究缺乏中国传统文化视角。受暴妇女求助行为研究多以西方国家为主，在文化的影响上聚焦于西方的文化脉络。但西方文化脉络的受暴妇女求助行为在解释华人文化下受暴妇女的求助行为时显得理论转化不足。父权制、耻辱感文化、性别角色规范是文献中关于文化的描述，但华人社会的文化脉络如面子文化、人情文化、儒家思想有其独特性（黄光国，1988；杨国枢，2004；翟学伟，1993），在现有的解释受暴妇女求助行为的研究中显得不足。

（2）受暴妇女求助行为研究缺乏优势视角。从家庭暴力成因的理论解释开始，我们可以看到学界对家庭暴力成因解释的一种转变过程，从早期聚焦于个体层面，认定为施暴者个体生物学因素、精神疾病，或受害者本身行为导致家暴的产生，或资源的缺乏致使施暴者仅能使用暴力以保证家庭权力，逐渐到强调父权制的制度性因素所造成的家暴现象的结构性视角，以及更为融合地强调个体经历、微系统、外层系统及宏观系统影响下产生家庭暴力的生态视角。家暴成因视角的转变，与社会工作理念转变极为相近，社会工作聚焦于人的应对行为（coping），社会工作早期将人的问题视为病态的问题视角，在问题导向的社会工作实践中，个体经由专业的诊断流程被识别为弱势群体成员。随后，该群体所具备的问题特征将在案主自身以及社会他者的认知中逐步具体化与形象化。随着理念的转变，社会工作逐渐转变为强调情境、环境影响的生态视角及问题的结构因素影响的结构视角，以及现在注重人的能力及潜能挖掘的优势视角。文化在求助行为中往往被定义为障碍因素，束缚了受暴妇女的求助，那么在优势视角理念下，受暴妇女求助行为中是否有其独特的适应其文化脉络的应对策略？受暴妇女在求助过程中常被视为弱势群体，若采用此视角看待受暴妇女，与社会工作对人的看法从病态视角转化成优势视角的范式相悖。为此，现有受暴妇女求助行为更多探讨求助行为的影响因素，缺乏优势视角下受暴妇女求助策略的深度讨论。

（3）在现有研究方法中，关于受暴妇女深度自述性求助行为的描绘显得尤为匮乏。Satyen 等（2018）在其系统性综述中分析了 17 项关于受暴妇女求助行为的研究，发现这些研究均详细阐述了 IPV 女性求助行为的测量方法，主要涉及警察和医院的记录、社会服务与庇护所的档案资料，以及 IPV 女性自行填写的调查问卷。然而，这些研究普遍采用量化研究方法，以横断面研究、纵向研究和队列研究为主。问卷设计多结合开放式与封闭式问题，旨在探究受暴妇女是否利用了正式及非正式资源，例如是否向警方报案，是否寻求了急诊服务或庇护所等社会支持。尽管如此，部分问卷仅简单询问了受暴妇女是否采取了求助行动、选择了何种求助对象，以及影响其求助决策的因素。整体而言，这些研究缺乏受暴妇女深描的自诉性求助行为。

第三节

华人文化影响下的受暴妇女的求助行为探讨

由上文研究检视发现，受暴妇女求助行为研究缺乏优势视角以及华人文化视角。为此，本节将华人文化影响下受暴妇女的求助行为分为两部分，第一部分通过文献梳理华人文化影响下求助行为发生的逻辑，第二部分结合华人文化及优势视角下的求助策略初步构建受暴妇女求助行为模式。

一、华人文化下求助行为逻辑

王思斌（2001）认为中国传统文化是中国人“求—助”关系的哲学基础，认为中国传统文化是上儒下道，家庭本位的社会结构，使得中国人的求助观念偏向于消极被动。在中国文化中，个体的自我认知往往嵌入复杂的社会关系网络之中，形成所谓的“关系性自我”。集体主义与面子文化的交融使得“关系性自我”的中国人在人际互动时需考量关系网络中家族荣誉 / 成就以及人情回报问题。以下分为三点陈述。

（一）求助观念：家庭本位与自力更生

中国求—助关系的哲学基础便是“上儒下道”，即历代统治者及知识分子层面采取的是儒家的孝悌和“亲亲”，针对一般民众采取的是道家的自力更生的道教思想（王思斌，2001）。有学者认为，支配中国普通人的理想与生活的是道教思想（张岱年，1994）。

从社会结构上看，中国社会是家庭本位的，家庭是社会关系产生和形成的源泉，关系是家庭纽带和义务延伸而成的网络（边燕杰等，2004）。其中，以费孝通的“差序格局”和梁漱溟的“伦理本位”的概括最为学界所熟知。在梁漱溟看来，中国社会的特点在于将社会关系家族化、伦理化和情义化。正如他提到的“团体与个人，在西洋俨然两个实体，而家庭几若为虚位。中国却从中间就家庭关系推广发挥，而以伦理组织消融了个人与团体两端”（梁漱溟，1990）。而伦理关系“即是情谊关系，亦即是其相互间的一种义务关系”，亲戚朋友之间，“在经济上皆有彼此顾恤，互相负责；有不然者，群指目以为不义”，而互相帮助的程度则“视其伦理关系之亲疏厚薄为准”（梁漱溟，2003，引自王伟进，2016）。同是比较中西社会，费孝通认为西方社会是“团体格局”，中国社会是“差序格局”：团体的内外界限分得很清楚，而“差序格局”则不然——我们的格局“好像把一块石头丢在水面上所发生的一圈圈推出去的波纹。每个人都是他社会影响所推出的圈子的中心。被圈子的波纹所推及的就发生联系。每个人在某一时间、某一地点所动用的圈子是不一定相同的”，是“越推越远，也越推越薄”，而外推的过程中，“最基本的是亲属：亲子和同胞，相配的道德要素是孝和悌”（费孝通，1998）。可见，家庭在中国社会结构和社会关系中处于基础性地位。

简言之，上述文化和社会基础形塑了大致以家庭为界的两种求助关系。一方面，在家庭内部，成员与家庭是小我与大我的关系，家庭（家族）对其成员有包容性支持和守护的义务，体现为上述的孝悌和“亲亲”。王思斌（2001）认为求助不发生在家庭之内，实际是发生在家庭之外；另一方面，在家庭之外，儒家传统的差序格局促使基于人情伦理的差异性外推考虑，而道家自力更生和无求的心态又导致基于回报与偿还的计算，这也吻合儒家“穷则独善其身”的价值观。这样，一般人发生求—助关系时是谨慎的（王思斌，2001）。

（二）求助行为：集体主义与面子文化的交融影响

中国是家庭本位的社会结构，其背后是集体主义的社会文化，面子被认为是中国人际行为和社会交往的一个核心因素（Bond，1991；Yang，1992）。可见，集体主义文化、面子文化是影响个人求助行为的核心要素。

1. 集体主义 / 家族荣誉

基于中西基本文化特质差异，西方人独立性自我较强，中国人则属于关系性自我（杨国枢，1992），在中国文化的集体主义中，似乎在重要的其他人的关系背景之外，中国人很少有独立的自我（Chu，1985；Triandis，1995），即中国人的自我是通过关系网络来呈现的。

在这种集体主义影响下，家族强调一荣俱荣，一败俱败。中国社会在传统上是以自足的家庭 / 家族为基础的社会，一方面，家庭 / 家族对其成员有一种包容性支持的义务；另一方面，家庭成员则有为家庭增加财富和资源的责任（王思斌，2001）。个人代表着家庭，每个家庭成员都应该尊重他 / 她的父母和祖先，而不是给家庭带来问题或羞辱他们。为了维持集体存在，家庭和谐、团结、忠诚、相互依赖、孝顺、诚实、正直、尊严和忍耐受到高度重视（Ho，1990）。并且，这种集体主义要求减少个人对家庭的索取或者拖累，在个人和家庭幸福之间出现冲突的情况下，个人将为了集体利益而牺牲他 / 她的福祉。

2. 面子的维护

如上文所述，在集体主义文化影响下，求助行为不可失面子。在强调关系性自我的华人家庭结构里面，面子代表的不仅是个体本身，还包含家庭 / 家族荣誉。

面子的内涵是多元的，在社会学领域，胡先缙（1944）提出了“脸”与“面子”的概念，面子是个人通过可见的成就及夸耀而获致的声望，脸是团体给予的具有道德名誉的尊重。个人要获得面子不论任何时候都要依赖外界环境（胡先缙，2004；刘宏伟、金毅，2011）。接着金耀基（2006）提出“社会性的面”（胡氏的面子概念）和“道德性的面”（胡氏的脸的概念）。黄光国（2004）认为，面子是其社会地位或声望的函数。可见，面子是社会道德和社会声望，强调其道德性和社会性。表现在人们在社会中，具有政治权利、身份地位、关系网络等，具有这些地位和声望就会得到尊重，获得面子，面子就具有意义。在心理学领域，翟学伟（1994）认为，面子是已形成的心理及行为在他人心目中产生的序列地位，也就是心理地位。陈之昭（2006）认为，面子就个体所拥有的事物和价值而言，是通过重要他人对某一事物的评价的认可而形成拥有社会或人际意义的自我形象。可见，面子是一种自我认同和他人认同的综合，只有获得他人认同，并内化为自我满足、自我认同，才能获得面子，面子才具有意义。何友晖（1976）认为，面子是个人由于地位和贡献而从他人那里获取到的尊重和顺从。而在两个人交往的情况下，面子可以说是一种相互的服从、尊重与恭敬，是双方都期望获得，同时准备回报的。面子的本质是社会交换，目的是获得自身的社会意义和社会交换。

面子的维护与自我的集体定义息息相关，个人的行为与家庭的行为是不可分割的，不仅对他或她自己，而且与整个家庭都有联系。在人际互动中，保存面子非常重要，因为它可以保护个人以及整个家庭免受羞辱（Midlarsky et al.，2006；Yick & Agbayani-Siewert，2000；Yu，2005）。因此，当发生求助行为时，求助他人往往会为“好面子”的家庭成员带来更多的面子威胁、消极情绪和自我评价。相较之下，个体的助人行为则是相对主动的，当助人者感到有帮助的责任，与求助者有足够的相互信任，且求助者清楚其中的人情债和回报义务时，正常的求—助关系才会发生（王思斌，2001）。个体从关系网络中动员社会资源的能力表现在自己为家庭及似家庭（如亲密朋友）履行道德和伦理义务而赢得的社会声望上，这种声望即大家所熟知的“面子”（梁漱溟，1990）。

3. 人情与回报的考量

为避免家族蒙羞，在求助行为发生时，在不同的关系取向下则有不同的考量，包括基于人情、关系等因素，涉及投入与回报的程度考虑（王思斌，2001）。

如杨国枢（1992）认为在关系取向下，在家人关系中，彼此要讲责任，对对方做其所当做之事，尽其所当尽之责；在熟人关系中，相互间要讲人情；至于生人关系，则因无实质关系，因此彼此打交道可以根据利害原则斤斤计较。Hwang（1987）提出的人情与面子模型则将华人的人际关系分为三类，分别为情感性关系、混合性关系和工具性关系。情感性关系是一种长久稳定的社会关系，主要包括家庭成员、密友等原级团体成员间的关系，交往法则是以满足对方需要的需求法则为主。混合性关系主要包括同学、同事或同乡等不同的角色关系，在与混合性关系的对象互动时，采取对方有需要时给予同情、体谅、帮助；接受对方的协助或人情后要回报的人情法则。工具性关系则是如银行工作人员与顾客、护士与病人或征信社与委托者之间的关系，与工具性关系的人互动，由于彼此没有情感或权力的瓜葛，所以个人可以理性地运用公平法则。当发生求助行为时，负债感理论认为人情负担是个人求助于他人时的重要心理感受（Greenberg，1980）。为此，基于 Hwang（1987）与杨国枢（1992）的观点，家人应是最恰当的人选，因为家人之间的互动，主要是遵循需求与责任义务的法则。如果家人无法帮忙，则求助于混合性关系的朋友，虽可能有人情的负担，但对凡事喜欢讲关系的华人而言，请朋友帮忙，则又可确保自己能获得较完善的服务和协助，而华人社会也特别重视这种你帮我、我帮你的互惠义气，并将之视为人情味的展现。常理上，只有连朋友都无法提供协助的情况下，个人才会选择向没有任何关系的陌生人（或称工具性关系）求助。也就是说，关系远近的认定，在华人的一般人际互动中扮演着很重要的角色。因此，当困境发生，我们自然是以周遭这些亲近的人为主要的求助对象。由于心存多种想法，回报能力有限，尽可能少欠人情，尽量少向血缘宗亲关系外的他人求助，这里的他人包括同事、朋友、邻里与陌生人（王笃强，2009）。

二、过程视角下受暴妇女求助行为模式研究思路

基于上文求助行为的理论 / 模型梳理归为心理反应模型、过程模型及社会文化模型。个体心理反应及社会文化模型在求助行为中的研究较为丰富，并且研究人员经常关注暴力关系中的女性所做的事情、遭遇的

障碍，但是对于她们如何解释她们的暴力遭遇，这些解释又如何影响求助过程这一方面的关注比较欠缺（Liang et al.，2005）。为此，本研究采取过程视角，尝试探索受暴妇女求助过程中不同阶段的感受以及影响因素。特别是受暴妇女在选择求助对象后，求助成效如何？人际及文化影响受暴妇女选择求助的对象，那反过来，受暴妇女选定求助对象后，其求助策略中是否也会运用人际及文化的影响力达到求助效果？此求助策略是否有受暴妇女主体性的呈现？

社会工作范式从问题视角到优势视角的转化，强调以正向、积极的角度看待人与环境，其假设人与环境中蕴含着众多的优势和潜力，视服务对象为具有能力的主体，因此，为达到求助的效果，受暴妇女会因人而异地采取求助策略，受暴妇女在暴力圈中并非没有其应对策略，为了打破大众对受暴妇女在暴力圈中无能的印象，应重视受暴妇女在求助过程中的能力。为此，探究受暴妇女在选择对象后的求助策略也极其重要。

第三章

受暴妇女求助行为的研究过程

第一节

对受暴妇女求助行为进行质性研究的必要性

研究范式是指在科学的运行与知识的产生历程中，研究者对世界运行本质的本体论（ontology）预设、知识构建的认识论（epistemology）框架以及实施研究的具体方法论（methodology）策略的思维与实践的信念体系（Guba and Lincoln，1994）。在此信念体系的指引下，研究者围绕特定议题形成独到见解，积累并构建知识体系，同时选取与自身哲学立场相契合的研究途径，旨在构建一个连贯且自洽的解释框架，以提升观点的有效性和可信度，而非简单判定不同典范间的绝对正误（Morgan，2007）。目前社会科学的研究范式主要分为实证主义、后实证主义、批判理论、建构主义、参与/合作典范、实用主义等几大阵营（Guba and Lincolin，1994；Lincolin and Guba，2000b；钮文英，2012）。

本书主要采用了建构主义的研究典范，并运用了质性研究方法。建构主义秉持“诠释”的视角，通过非标准化的工具与质性的资料来构建理论（Guba and Lincoln，1994；陈向明，2002）。为了能够深入剖析受暴妇女求助行为的复杂性与动态变化，本研究涵盖了受暴妇女的支持网络系统及其所处的文化脉络对其求助行为产生的深层次影响。相较于量化研究，质性资料以其丰富性和整体性，更能全面展现复杂现象，所收集的资料将情境脉络纳入考量，从而将资料的意义与人们所处的社会世界紧密相连（张芬芬译，2005）。质性研究强调“情境脉络敏感”（context sensitivity），即不仅探讨现象，描述研究对象的观点，质性研究还是理解文化意义和社会互动的有效工具，质性方法可以帮助研究者理解社会互动背后的权力关系和社会实践的动态。当研究的重点在于理解社会互动、文化现象或社会变革的过程时，质性研究可以提供详细的数据和情境分析，帮助揭示其背后的意义和动力。

当研究关注个体的经验、感受、观点或态度时，质性研究可以提供深入理解，并允许研究者捕捉个体的复杂性和多样性；当研究对象涉及复杂的人类行为、态度、信念或社会现象时，质性研究可以提供深入理解和详细描述的机会。比如，文化冲突、教育问题、心理健康等，质性研究能够通过对个体经验、案例、访谈等的深入分析，揭示其背后的深层次原因和机制，获取具体的建设性意见；当研究领域尚未被深入探究或理解时，质性研究可以用来开展初步探索，为后续的研究提供基础和指导；当某一领域或问题刚刚兴起，但相关领域内还缺少理论总结或尚未建立起成熟理论时，进行探究质性研究可以从众多经验入手，发现新的模式、关联和概念，归纳总结新的理论模型，质性研究在建设新的理论框架方面具有独特的优势。

遭受婚姻暴力的妇女在其求助行为上是个别化的，求助原因也多不相同，涉及个体的经验、感受、观点和态度，具有复杂性和多样性；此外，婚姻暴力在中国社会文化观念下仍被认为是隐晦的、禁忌的，是家丑不可外扬的。需要深入了解这个问题背后的原因和机制，并寻求具体的建议来改善现状。可以说，目前关于受暴妇女求助行为的研究还没有形成一套成熟的理论体系。为深入了解受暴妇女求助行为，本研究采用质性研究，使用一对一的方式与受暴妇女进行深入访谈，了解受暴妇女求助因素与求助行为，探究其主观的想法、态度。由研究者根据对质性材料的分析，从基本的数据开始进行逐步逐层归纳，最终构建出受暴妇女求助行为的理论模型。

第二节

研究方法介绍

扎根理论被认为是质化方法中最科学的一种方法（Hammersley,

1989），扎根理论取向强调发展理论，而理论建立在资料的基础上，因此扎根理论取向特别适用于较少被探究、概念仍相当模糊的研究主题（Gordon-Finlayson，2010；钮文英，2012）。扎根理论一定要有经验证据的支持，但是它的主要特点不在于其经验性，而在于它从经验事实中抽象出了新的概念和思想（陈向明，2002）。

扎根法不是去了解一个所谓单一的因果关系的社会现象，而是视社会现象为一组众多变项间彼此影响的复杂状况（Strauss et al.，1964，引自胡幼慧，1996）。扎根理论的使用须有两个前提：一个是与研究现象有关的概念并没有完全得到厘清，或是这些概念间的关系尚未得到透彻了解；另一个则是某些现象至今还没有人确实地做过研究、提出问题，以至于不知道哪些变项与此现象有关（Strauss and Corbin，2008）。妇女在遭受暴力时，我国的相关研究常常依赖数量，较为欠缺女性自己如何定义自身的问题和求助需要的自述求助行为研究，为此，作为探索性研究，研究者需要去探索关于受暴妇女的求助行为模式，而非验证现有的理论或观点。基于上述考量，本研究将采用扎根理论的研究方法。

扎根理论是由 Braney-Glaser 与 Anselm Strauss（1967）提出的，目的在于将现象作系统性的资料分析，并借助系统化分析、整理，经由资料归纳，从研究情境中发展或建立理论（徐宗国，1997）。

一般来说，有 3 种扎根理论研究方法，包括 Glaser 和 Strauss 的原始版本（original version）、Corbin 的程序化版本（proceduralosed version）以及 Charmaz 的建构型扎根理论（Constructing Grounded Theory）。在现有的诸多关于扎根理论研究方法论的文献中，绝大部分被认为违背和脱离原始版本（Eaves，2001；费小冬，2008）。其中，基于扎根理论常被批评其认识论立场偏向实证主义（瞿海源等，2012），Charmaz（2008）重构了扎根理论，认为扎根理论的方法与分析程序是中性的，不需要联结于单一、特定的认识论传统，将其研究策略与实证主义的传统脱钩，来配合 21 世纪的方法论假设与取向。Charmaz（2000，2008）把实证主义倾向的扎根理论称为“客观主义的扎根理论”，与他所主张的“建构主义的扎根理论”，有以下区别（见表 3-1）。

表 3-1　传统扎根理论与建构主义的扎根理论的比较

传统 / 实证主义的扎根理论	后现代 / 建构主义的扎根理论
实证主义 / 实在论	建构主义 / 相对主义
主客二分	主客连续
发现	建构
理论与真理相应	理论是知识生产的建构物
天真的客观性	反思性（reflexivity）
同质化、普遍化、简化	异质、复杂与暧昧的再现
作者的权威	多重的声音与观点
假设社会经验呈现常态曲线分布	以拓扑学（cartography）方式
研究目标在于勾勒有关社会过程的形式理论	理解社会位置的相互关系
	研究目标在于建构敏感概念（sensitizing concepts）与情景分析

资料来源：Clarke，2005：32。

从认识论的角度，Charmaz 认为，“数据和理论都不是被发现的。我们是所研究世界及所收集数据的一部分。通过我们在过去和现在的参与，以及与人们视角和研究实践的互动，我们建构了自己的扎根理论”。

在建构主义的扎根理论研究中，研究者是主、客观性的共同体，认为主观性和客观性都有其度，不能偏执，过度客观致使方法死板而无法得到广泛应用，过度主观则致使客观本质属性丧失。

扎根理论受到符号互动论的影响有以下几点：第一是行动者有自我，这个自我对外界事物予以指认，赋予意义；再基于此意义有所行动。第二是行动者在与他人互动过程中，不断赋予外界事物以意义，作为下一步行动的基础。第三是意义来自个人所存在的大社会。第四是社会现象是不断萌生的（徐宗国，1994）。以上符号互动论之观点，应用于受暴妇女求助行为之研究中，可以从互为主体之视角去思考。亦即受暴妇女作为行动主体，其会基于个体知觉与非正式支持网络以及正式支持网络的互动对其求助认知、求助过程及求助策略赋予意义及主观诠释，这些意义及主观诠释又放置于更广的社会结构及社会文化当中，受到文化的影响。

扎根理论主要是一种方法，而非理论，其强调依循此方法所建立起来的理论，是扎扎实实地把根扎在资料的基础上（瞿海源等，2011），其研究的逻辑在于发现的逻辑（logic of generation）而非验证的逻辑（logic of verification）（林本炫，2003）。

在操作化层面，作为研究者，一开始并非要求验证某种现成的理论，而是从一个既定的研究领域，去将与此有关的研究实体围绕特定领域呈现出来（Strauss and Corbin，1994）。扎根理论方法是进行不断的比较分析（constant comparative analysis）的方法，也就是说，为了提高理论的一致性，就要对具有相似性和差别的不同概念类别不断进行严格的比较（Corbin and Strauss，1990）。扎根理论方法将资料发掘出来的概念与理论，经过周密设计获取的资料，如访谈资料进行对话，从中得到进一步的阐释和修正。

采用扎根理论方法，可以将动态发展的受暴妇女求助行为抽象化，形成受暴妇女求助行为的不同概念；将不同概念分类到不同类属的范畴，通过对范畴关系的发掘，形成的假设命题可结构化地阐明事件背后的关键机制，而不仅仅是事件的表面陈述；最后通过假设命题的比较，以图表化的形式呈现受暴妇女求助行为模式。

第三节

研究对象的选择

在质性研究中，研究对象是整个研究最重要的资料来源，样本必须是具有丰富内涵的资料（胡幼慧，1996）。

扎根理论的理论性抽样不强调人口信息统计资料，样本的丰富性与特殊性应该比样本数量更重要，因为质性研究强调分析的深度。为此，基于以上理论性抽样中差异性样本的节选的考量包括求助经历、受暴持续时间、家暴样态、婚姻状态及受暴力类型。本研究一共访谈了 20 位受暴妇女。从这 20 位受暴妇女的基本资料来看，求助经历中包含多次求助、一次求助及未进入正式求助系统；受暴时间最短为几个月，最长持续二十几年；在家暴样态部分，有些受暴妇女已脱离受暴圈，有些仍然处于受暴圈中，其中包含离婚后持续受到性暴力；婚姻状态则涵盖婚姻持续、分居、离婚及正在申请司法程序离婚；受暴类型则包含肢体暴力、精神暴力、性暴力、经济限制四类。其中前 17 份深度访谈资料用于构建概念模型，后 3 份用于后期的理论饱和度检验。

研究者在访谈受暴妇女时，特别将试访谈的几位受访者资料先转成逐字稿，并仔细分析她们求助行为中对问题的定义、决定求助的考量、选择求助的对象及所采取的求助策略，再重新修改或补充访谈大纲。此后的受暴妇女的访谈，在遇到类似的访谈内容时，研究者需要标示其重复性的程度，并监视新的信息与先前标示内容的辨识程度，对具有互斥性的资料，研究者再做标示，作为新的范畴和类别，在分析时作为参考依据。在受访对象上，受限于受访者的口语表达能力，以及机构偏向推荐配合度较高的对象，无法以随机方式进行邀请，而这多少影响了研究的代表性。它们将成为本研究可能的限制，我们在此也一并说明。

第四节

资料分析过程

本研究采取质性研究探究受暴妇女求助模式，对访谈资料进行收集、整理与分析，内容包含描述部分与诠释部分（徐宗国，1997）。描述部分以呈现受暴妇女求助经历的叙事内容为主，诠释部分则是研究者对受暴妇女求助行为的抽离与概念化。因此过程涉及研究者个人诠释观点的应用，为避免研究结果陷入个人过度主观的意见和不当处理研究资料中，本研究借助质性分析软件 Nvivol，并采用扎根理论的三个阶段编码进行开放性编码、主轴编码、选择性编码。第一，开放性编码的概念类属来源于前面收集到的文献，基于扎根理论的“本土化”原则，对概念类属的命名选择性采纳已有的研究维度，若有新的发现则结合语义标示新的概念。此阶段，首先需要通读全部访谈材料并提取重要语句，通过 Nvivol 的频次统计，提取核心观点形成重要概念。比如“我觉得自己太懦弱、无能，才一次次忍耐他”被编为“软弱”这一概念，计入“负向人格特质”这一范畴。通过对逐字稿的内容进行梳理、编码。第二，在主轴编码阶段，利用 Nvivol 软件对文献信息进行编码，并对核心概念进行进一步的归纳整合。第三，选择性编码基于各主范畴间相互关系发展出更抽象的核心范畴。在扎根理论的分析框架内，研究者的首要任务是识别并确立作为核心议题的现象（phenomenon），即通过过程性视角深入剖析受暴妇女求助行为的发生机制，将其视为研究的核心现象。围绕此核心，研究进一步展开对暴力事件发生后至求助行为启动前这一关键时段内，受暴妇女对暴力现象的认知解读、影响其求助决策的脉络条件、所选取的求助资源、形成的求助策略及其成效等多维度要素的系统性分析。最终，研究成果将以图形化的方式呈现，并且直观描绘出受暴妇女求助行为的动态发展历程，为理解其复杂性和多样性提供深刻的洞见。

第五节

研究信度与效度

质性研究（qualitative research）的独特性在于运用多元证据，探究人们在真实世界情境中的生活意义，呈现研究参与者的观点和感受，洞察人们所处的脉络情境和社会行为（Yin，2014）。因其这种特性，质性研究常常被批评，认为它不够严谨（rigor）和客观。因此，Denzin 和 Lincoln（2005）提出质性研究也需要比照量化研究（quantitative research）以提高其客观性来保证研究质量。本研究结合质性研究者发展出的独具特色的保证研究信度（reliability）与效度（validity）的方法和原则。

一、研究信度

所谓信度是指研究过程中所使用的测量工具的可重复性和测量结果的一致性（Neuman，1997）。Lincoln 和 Cuba（1985）发展出一套有关量性研究和质性研究“信赖程度”的评估指标，量性研究所关心的是内在效度、外在效度、信度和客观，而质性研究所关心的则是准确性、可转移性、可确认性、可靠性。

1. 准确性

质性研究中的准确性与量性研究中的“内在效度”类似，即研究结果要能真实地呈现研究对象的主观经验和个体感受以及所在的文化脉络，研究者将本次研究分析的最终结果展现给受访者，通过受访者的客观体验，了解研究结果是否与受访者个人的感觉体验相符，而不是由研究者本人定义。研究者在进入正式访谈前，通过微信与每位访谈对象在线联系，初步确认访谈时间、地点，了解受访对象的家庭环境和文化脉络，并告知研究目的和研究伦理，在取得研究对象同意和建立研究关系后才正式访谈。研究者选择了受暴妇女较为熟悉的场所作为访谈地点，这样让她们能够更自然地表达自己的真实想法。除此之外，研究资料的收集是由研究者本人完成，研究者会将所有访谈内容用录音的形式记录下来，然后将录音文件转换成书面文字，反复核查以确保资料准确无误。

2. 可转移性

质性研究中的可转移性与量性研究中的“外在效度”类似，即研究结果与其他类似研究结果之间的可契合性。为确保资料的可转移性，研究者需要将本研究的相关资料提供给其他从事相似研究的人员，如研究对象基本状况、研究意义等。本研究将研究的对象、方法以及访谈的内容都予以提供，其结果可作为以后相似经验研究的参考。

3. 可确认性

质性研究中的“可确认性”和量性研究的“客观性”相似，因此，为确保研究的“可确认性”，研究者需要不断地记录研究过程。在本研究中，研究者在征得研究参与者知情同意的前提下，对访谈过程进行全过程录音，在访谈结束后立即由研究助理协助进行转录形成书面形式的转录稿。同时，研究者采用田野笔记和备忘录的形式及时记录研究过程中的感受、心得以及观察所得资料。当资料分析有任何疑虑时，研究者应再次回到原始资料，以确定所做分析符合个案的本意，而并非研究者本人的想法。在资料分析过程中和论文撰写过程中，真实地呈现研究资料，以作为检测研究的“可确认性”。

4. 可靠性

质性研究中的可靠性和量性研究中的“信度”含义是相近的，它是指此研究结果与其他质性研究的结果呈一致性。Lincoln 和 Guba（1985）指出，如果其他的研究者采用相同的方法进行相似的研究，其研究结果应该与此研究相关。本研究在资料分析过程中通过与指导教授共同讨论以达到研究的“可靠性”。

二、效度

质性研究的效度，是指研究资料的真实性，即研究者真正观察到所希望的实际脉络。为此，本研究通过资料来源多元化、协同转译者及多元资料的三角检测提高研究效度。

（1）资料来源多元化，除了受暴妇女访谈资料，辅以其求助妇联或社工机构时的接案记录。

（2）协同转译者，因质性研究重视文本的精确性，为此在逐字稿转录过程中，聘请研究助理，检测文本是否与访谈内容一致。

第六节 研究伦理

Thyer（2001）提到有关伦理的议题包括研究设计的伦理观点（如使用控制组、随机分派等）、运用欺骗、保密及隐私、利益冲突、结果的呈现及向参与者告知结果。因此参考学者的看法，以及本研究之研究性质与目的，本研究遵守以下伦理。

一、告知与澄清

在本研究中，由于研究主题涉及访谈对象内心私密的感受与想法，需要研究对象做好心理准备、愿意开口说话，并能真实地谈论内心感受与想法。要达到这样的目的，研究者于研究进行之前即告知访谈对象本研究的主题、研究的目的、访谈大纲的方向甚或访谈大纲、访谈大约所需花费时间、访谈地点及时间的安排，同时于访谈进行之前，让受访者签署《访谈知情同意书》，以免对个别受访者造成伤害。因此本研究也可以采用口头陈述之方式告知受访者，以免出现被访者不愿意签署之情况而无法处理，如访谈仍在访谈对象出于自由意志决定下进行，访谈过程中，访谈对象感受不舒服或不愉快时可以中止访谈的进行，等等。

二、个人隐私与保密性

由于本研究能收集到受访者隐私的个人经验与内在想法，尤其是有关当事人的婚姻暴力情形以及与配偶的亲密互动行为，这些事情是受访者不常向他人提起的个人隐私事件；同时多数的受访者也不愿自己的真实故事与身份曝光于大众面前，因此需对受访者的隐私与身份加以保密。本研究于论文撰写过程中将会对受访者的访谈资料、访谈录音带进行保密放置，并只有研究者本人及协助撰写逐字稿的研究者能听取。在资料分析过程中，访谈内容所提及的人名以访谈顺序的代码替代，县地名都将匿名处理。此外，研究者不会篡改研究资料，客观呈现受访对象观点。

第四章

受暴妇女求助行为历程模式建构

| 第一节 |

研究对象个人信息简介

透过受访者资料描述，增加研究者对受暴妇女问题脉络的了解，提高对访谈资料的敏感度。因此，下文对收集到的20位受访者的基本信息和暴力经历进行了整理。表4-1展示了这些受暴妇女的基本信息，包括年龄、受教育程度、收入、职业、子女数，以及受暴类型、结婚年龄、首次受暴年龄、受暴年限、家暴次数及婚姻状态，简单介绍研究对象的基本求助历程，并对编码过程进行相关说明。

表4-1　受访对象基本情况

个案	年龄（岁）	受教育程度	收入（元）	职业	子女数（个）	受暴类型	结婚年龄（岁）	首次受暴年龄（岁）	受暴年限（年）	家暴次数（次）	婚姻状态
1-阿梅	46	初中	>3000	高铁站后勤、自营出租挖掘机	3	肢体暴力	24	35	9	3	存续
2-阿兰	44	大学	8000～9000	国企职工	1	肢体、精神暴力，经济控制	37	39	5	无数	二婚，离婚半年
3-阿妹	39	初中	5000～6000	按摩技术工	3	肢体、精神、性暴力	24	28	0.5	5	二婚，离婚起诉，再访（3个月后）离婚
4-阿菲	29	中专	7000	设计师	1	肢体、精神暴力	27	27+	1.5	5	存续，再访（5个月后）离婚
5-阿诗	37	初中	3000	仓管员	1	肢体、精神暴力	17	21	16	无数	离婚1个月

续表

个案	年龄（岁）	受教育程度	收入（元）	职业	子女数（个）	受暴类型	结婚年龄（岁）	首次受暴年龄（岁）	受暴年限（年）	家暴次数（次）	婚姻状态
6–阿玉	39	大学	较好	自营工厂	2	肢体、精神、性暴力	24	26	13	无数	离婚半年，婚后持续性暴力
7–阿霞	47	初中	4000～5000	自营理发店	1	肢体、精神暴力	22	27	20	无数	存续，有离婚打算
8–阿桑	45	大专	5000	收银员	1	肢体、精神暴力	28	29	16	无数	存续
9–阿芸	45	小学	勉强维持	个体户（自营店铺）	4	肢体暴力	22	25	20	无数	存续
10–阿捷	37	小学	2800	服务员	1	肢体、精神、性暴力	26	28	9	无数	存续
11–阿花	39	中职	3000	电商	2	肢体暴力	24	34	5	5	存续，分居
12–阿蓓	47	大学	4500	国企	1	肢体、精神暴力，经济限制	27	27	20	无数	离婚，在考虑复婚问题
13–阿欣	47	小学	无	待业中	3	肢体、精神暴力	25	27	20	无数	离婚，考虑复婚
14–阿穗	40	初中	7000	驾校教练	2	肢体暴力	35	38	2	2	持续
15–阿琼	45	大学	8000	保险	2	肢体、精神暴力	35	35+	10	无数	存续，分居中
16–阿晓	29	初中	较高	个体户	3	肢体暴力、经济控制	19	25	4	无数	存续
17–阿芬	31	小学	2000	加工厂	2	肢体暴力	19	21	10	无数	存续
18–阿庄	38	小学	3000	散工	4	肢体、精神暴力	28	30	13		存续
19–阿玫	24	中专	3000～6000	文员	1	冷暴力	20	21	3	难以界定	存续，有离婚打算
20–阿程	63	小学	子女供养	无业	4	肢体、精神暴力	27	39	8	3	存续，分居

注：为保护受访对象隐私，以上受访对象姓名均为化名。

20 名访谈对象中，年龄从 24~63 岁，其中，年龄为 20~30 岁的 3 名；30~40 岁的 7 名；40~50 岁的 9 名；60 岁以上的 1 名，受访对象集中在 30~50 岁，共 16 名。在受教育程度、职业及收入方面，受过高等教育的有 5 位，她们的职业整体偏向稳定的国企及事业单位，收入在当地整体处于中上水平。中职 / 高中文凭的有 3 位，她们基本拥有自己的一技之长，在职业选择上有一定的空间，收入处于城市的一般水平。其他的 12 位受暴妇女主要是小学及初中文化，职业不稳定，收入较低。在子女数方面，8 位受访对象只有一个孩子，这与我国实施的计划生育政策有关，如在事业单位或者国企工作的受限于计划生育只能生育一胎。5 位受访对象有两个孩子，4 位受访对象有 3 个孩子，3 位受访对象有 4 个孩子。受访对象受传统文化影响较大，在观念上重男轻女，多子女家庭往往希望能生育一位男丁，同时，结合教育程度来看，受访对象教育程度低的，孩子数量较多，收入的不稳定对后续受暴妇女求助行为有所影响。在户籍地方面，4 位受访对象来自外省，包括河南、湖南、四川、贵州，且 4 位受访者均来自农村，因打工或就学与男方结识，结婚后定居于此。2 位受访对象来自省内其他城市，其他 14 位受访对象则来自本市的 10 个县、市、区。其中，9 位受访对象是农村人，11 位受访对象是城镇人。

在首次受暴时间中，2 名婚后 1 年内开始遭受家暴，10 名婚后 2~5 年内开始遭受家暴，3 名婚后 5~10 年开始遭受家暴，11 年婚姻后开始遭受家暴的有 2 位。在受暴持续时间方面，受访对象中受暴持续时间 2 年以下的有 2 位，受暴持续时间 2~5 年的有 5 位，受暴持续时间 6~10 年的有 5 位，受暴持续时间 11 年以上的有 8 位。可见本研究的受访对象婚后时间较短就开始遭受暴力，且停留在暴力圈中持续的时间相当长。这些发现与现有学者的研究发现较为一致，即妇女的受虐常常是长期性与经常性的，受虐时间长达 10 年以上者在研究中占多数（汤琇雅，1993；吴慈恩等，1998；黄一秀，1999）。

在婚姻状态方面，处于离婚状态的有 7 位（2、3、4、5、6、12、

13），维持在婚姻状态的有13位，其中有3位受访者处于分居状态（11、15、20），2位有离婚的打算但还没行动（7、19）。

在家暴样态方面，即考量是否仍旧处于暴力圈中，其中7名受访对象通过离婚、3名受访对象通过分居的方式脱离暴力圈，其余10名受访对象仍处于暴力圈中。

在暴力类型方面，除1位受访对象自诉遭到冷暴力外，其余19位受访对象均自诉遭到最多的是身体暴力，初期常见于甩耳光、抡一巴掌，慢慢地，肢体暴力升级，包括拳打脚踢、拿刀追砍。在精神暴力方面，肢体暴力常常伴随着精神暴力，受害者被攻击时往往心生恐惧，14位受访者表示遭受了精神暴力，特别是肢体暴力越发严重时，施暴者通常会讲一些恐吓性话语如杀你全家之类的，受访者很担心在睡梦中会遭遇不测，表示自身精神状态非常不好，如7–阿霞被确诊中度抑郁症，有2年的时间常有自杀的念头；16–阿晓表示有段时间体重仅有80斤，每天需要靠输液维持日常生活状态。有些施暴者会制造一些让受访者害怕的场景，如2–阿兰表示丈夫曾在高速路上开车玩漂移，左右来回摆动，将坐在车后排的她和女儿像皮球一样甩来甩去，车门突然打开女儿差点儿被甩飞出去，幸好她拉住女儿的腿，吓都吓死了。施暴者也会利用子女恐吓受访对象，如15–阿琼在被打逃离家庭后，丈夫为了逼她回家，把家里的玻璃都打碎，把孩子放在碎玻璃上，吓得孩子哇哇哭，丈夫把这样的照片发给她看，这些方式都让受访者精神上非常紧张、害怕。在性暴力方面，3名受访对象中（3、6、10）表示受到性暴力，如3–阿妹表示她是按摩技术工，有时回家比较晚，当她比较疲惫不愿意和丈夫发生性关系时，丈夫会用她的工作性质羞辱她，伤害她的自尊，丈夫对她的最后一次家暴就是因为她反抗不愿意和丈夫同房，丈夫用枕头捂住她的嘴巴致使她差点儿晕死过去。6–阿玉、10–阿捷也有同样的情况。其他的受访者拒绝谈论同房这一话题，足以看出性暴力对女性而言是最隐私的事情。在经济控制方面，经济控制和限制人身自由也常常夹杂在一起，有3位受访对象表示丈夫对其有严格的经济管控及限制人身自由。例如，

2- 阿兰和 12- 阿蓓的情况极为相似，两人同在国企工作，收入稳定，负责家里的日常开销及房贷，丈夫好吃懒做不说，工作及收入都不如两位受访者，但他们对受访者的经济开销实施严格监管，若有账目不清时，就会辱骂她们。如 2- 阿兰的丈夫以精神虐待为主，打砸家里的东西；12- 阿蓓则常常受丈夫带给她的皮肉之苦，还被丈夫说她把钱倒贴别的男人。此外，丈夫对她们都实施高控制行为，需要按时上下班，回家晚几分钟也会招来一顿打骂，丈夫还要求他们与同事、邻居全然隔绝，下班不能有任何的社交，另外 3 位受访对象情况也相似，丈夫常以道德问题为由诬蔑受访者外面有人，对她们实施高控制行为，隔离受访者与外界的社交。

在对资料进行分析及编码过程中，研究者遵循边谈、边分析的原则，在访谈结束后，将录音转换为书面文本，并在文本中标注时间信息，以便检索和核对。以下透过深度访谈 20 名曾遭受配偶暴力的妇女，研究者精准界定了核心议题的现象，即通过过程性视角深入剖析受暴妇女求助行为的发生机制，围绕此一核心，系统性地剖析了暴力事件后至求助行为启动前，受暴妇女对暴力现象的认知解读、影响其求助决策的关键脉络条件（影响因素）、所选取的求助资源、构建的求助策略及其实施效果等多维度要素。研究最终以图形化方式直观呈现受暴妇女求助行为的动态演变历程，为理解其复杂性和多样性提供见解。这个过程可以简单整理为表 4-2：

表 4-2　求助行为历程的主范畴、对应范畴及概念

核心范畴	主范畴	对应范畴	概念
求助前作用条件	个体因素	暴力认知	暴力正常化、爱对方、暴力不严重、未觉察求助需求
		负向的个人特质	软弱、优柔寡断、自我价值感低落、宿命感、无助感
		早年成长经历	创伤史、有相同背景的成长经历、目睹家暴行为

续表

核心范畴	主范畴		对应范畴	概念
求助前作用条件	家庭系统因素		子女教养 / 职业发展考量	照顾孩子的需要、害怕失去监护权、担心子女遭受暴力、担心孩子身心受损、担忧影响子女未来职业、担忧影响子女未来婚嫁
			支持系统关系疏离	娘家经济不佳、娘家 / 婆家关系疏离
	文化系统因素		传统的婚姻观与面子观	传统的婚姻观念、完整家庭的迷思、自我归因、内化的羞耻感、“家丑不可外扬”的观念
决定求助的脉络因素	关键事件		感知暴力的危害	个人生命受到威胁、担忧子女人身安全
	促进因素	个体因素	正向的个人特质	坚强、吃苦耐劳、自我效能高、女性主义信念
			自尊受损	难以忍受男方外遇、被羞辱、被冤枉
			身心健康问题突出	精神状态差、生活作息失序、患有身心疾病
			经济独立	工作能力强、经济支持资源获取、避免男方经济拖累
		家庭系统因素	孩子的身心考量	孩子的人身安全、孩子身心健康考量
			重要他人支持	家人劝告离开、亲友劝告离开、子女报警、家人相互支持、家人态度转变、家人目睹暴力、家人提供资讯
		灵性因素	神灵系统	先人托梦
		外部因素	资源可用	获得求助资源信息、职业人际圈提供资讯
求助对象及求助需求	求助对象类型		非正式支持系统	父母、兄弟、亲戚、邻居、朋友、同事、网络社群（微信群、QQ群）、神灵系统（算命、拜佛、风水、托梦）
			正式支持系统	警察、妇联、反家庭暴力防护中心、村委会、医院、律师事务所、法院、司法系统、媒体节目

续表

核心范畴	主范畴	对应范畴	概念
求助对象及求助需求	求助需求	精神支持	情感支持、陪伴
		信息服务	离婚权益、抚养权信息、财产分配
		经济问题	经济援助、找工作、经济赔偿
		问题解决	制止暴力、保障安全、家事调解、法律援助、庇护 / 寻求安全住所、施助者教育 / 惩罚、伤情治疗 / 鉴定、精神 / 心理健康、咨询 / 医疗、离婚 / 分居
	求助对象选择的影响因素	个人信息脉络	年龄、社会经济地位、“外地人”身份
		资源的可用性	非正式支持系统的紧密程度、非正式支持系统的正向程度、非正式支持系统求助时的可及性、正式支持系统资源的支持力度
		人情回报考量	人际网络的关系亲密程度、个人的人情回报能力
求助障碍的影响因素	个体因素	对暴力的无助感	负向人格特质、无助感
		内化的自责	暴力合理化、羞耻感、宿命感、传统性别规范约束
		经济困境	失去住房保障、难以支付离婚补偿、离婚权益受损、经济依赖男性、外债未清、无暇思考
		保护家庭	担心孩子身心受损、担忧影响子女未来职业、担忧影响子女未来婚嫁
		早年成长经历	创伤史、自小挨打、目睹家暴行为
	施暴者行为	恐吓	疏离社会支持、责备
		经济管控	监控经济支出
		隔离	监视妇女、限制妇女正常社交、疏离妇女社会支持网络系统

续表

核心范畴	主范畴	对应范畴	概念
求助障碍的影响因素	外部回应	亲友负面反应	家人劝和、抱持反对态度、家庭成员采取行动阻挠、亲友对离婚抱持羞耻心态、以同理慰留
		正式系统的负面反应	警察不作为、执法不公、司法程序复杂、费用高
		社区资源的回应性	专项服务不足、信息匮乏、缺乏人文关怀
	文化维度	孝道文化	不想让父母担心
		面子文化	家丑不可外扬
求助成效	社会支持网络系统	非正式支持系统	增强能力及信心、调解、劝说、责难求助者、施助者恐遭到报复而不敢施助、随着求助者年龄增长反对求助者离开暴力圈
		正式支持系统	求助警察成效褒贬不一、反家暴中心成效佳、难以支付付费服务、法院人文关怀少、庇护所手续烦琐
脸面文化维度下求助应对策略	开诚布公		不需要担心面子问题
	告知同病相怜		求助经历相似的同事、保存个人脸面
	算命及改变风水		归因风水获取心灵安慰、通过算命以促进个人乐观应对
	表现弱势		在众人面前丢面子获取舆论支持
	寻求权威人士协助		家族有辈分 / 权威人士、具有震慑作用的正式支持系统
	联动家庭成员动手反击		娘家人出面制止暴力
	表现强势“倒逼”组织干预		学习相关条文，赋能后有勇气及智慧应对强势组织

备注：因求助对象类型及求助需求在不同阶段有所区别，时间维度对求助需求及求助对象选择的影响在下文直接呈现，不再重复编码过程。

在三级编码过程中，其概念类属来源于前面收集到的文献，基于扎根理论的“本土化”原则，对概念类属的命名借鉴选择性采纳已有的研究维度，若有新的发现则结合语义标示新的概念。在此阶段，研究者首先需全面审阅所有访谈材料，从中提取关键语句。随后，利用 Nvivo 软件对出现的频次进行统计，进而从上述语句中提炼出核心观点，形成重要概念。比如“我觉得自己太懦弱、无能，才一次次忍耐他”被编为“软弱”这一概念，“就是在这里纠结这个问题，像上一次他打了我以后，我就很想回去离婚，但是我当时还是犹豫了，不想走到那一步”被编为“优柔寡断”这一概念，“软弱”“优柔寡断”这两个概念均属于“负向人格特质”这一更广泛的范畴之下。通过对逐字稿的内容进行梳理、编码，得到 156 个三级节点，这些节点位于从属关系的最底层，是对第一层级核心概念的提取，之后将相近主题的概念合并归类为统一范畴，并在主轴编码中根据研究目标提取更加抽象的概念，通过对范畴的关联性分析，归纳出具有关键意义的主范畴 16 个，对应范畴 46 个，并以求助过程发展出核心范畴。表 4–3 展示了某些概念形成的过程。

表 4–3　开放性编码过程部分展示

范畴	概念	原始代表语句
负向人格特质	软弱	我觉得自己太懦弱、无能，才一次次忍耐他
	优柔寡断	就是在这里纠结这个问题，像上一次他打了我以后，我就很想回去离婚，但是我当时还是犹豫了，不想走到那一步
正向人格特质	坚强	有时候没办法，求人不如求自己，别人也没有时间，人都不傻，你看别人怎么操作，你就怎么操作。注意刹车就可以。在这种环境之下，可能也从小养成了一种好强的性格。不要靠他
	吃苦耐劳	我拼命上班，我在这里，老板都好喜欢我这种员工，因为我好拼命工作，不像其他人吊儿郎当，请假出去玩，我不去，从来不去
	自我效能高	我就是那种不服输的女人，什么都不想输那种
	女性主义信念	别人会说我好厉害，嘴巴好厉害（能说会道）。我干嘛要遭他这个罪，这个时代女人不比男人差，男女是平等的，他这样对我，我要告诉全世界的人，我也不是好欺负的
创伤史	有相同背景的成长经历	其实做什么事我很果断的，但是在处理生活方面、婚姻方面，我朋友都说我太（软弱），可能我们家庭也是，我的爸爸就打我妈妈，我爸也很暴力，我就是从小被打大的，然后我妈就一直容忍着。我一开始提出离婚的时候我妈不同意，就劝我不要离婚，也说起这些事，可能与家庭教育有一定关系

续表

范畴	概念	原始代表语句
创伤史	目睹家暴行为	我深深地记得有一次我老妈被打后，收拾东西要走，要离开家，我那个时候才几岁。我赶紧地抱着她的大腿，叫她不要走。我是这样过来的，所以我现在不想自己孩子也没有妈妈
子女教养考量	照顾孩子的需要	现在我孩子在老家，婆婆帮忙带着。好歹有一个家在，有人相互顾着，如果真离婚，我们 2 个孩子一人一个，孩子没有家，跟着我的话我也照顾不过来，我爸妈身体也不好，腿脚都不利索。就真离婚的话要考虑的事情挺多的，照顾孩子是个问题
	忧心单亲经济养育问题	我看到我的一些朋友，她们也是单亲的，要工作还要照顾孩子和家庭，每次看到她们或者和她们聊天，她们都会说自己日子不好过，经济压力也大，我也担心离婚的话也会这样。所以一直没下定决心离开他
	孩子不能没有父母	孩子还小，总觉得孩子没了爸爸很可怜，周围的人也劝我忍一忍。最大的阻力都是孩子，孩子很无辜
	担心孩子身心受损	他家暴的时候，我什么方法都试过，我都想报警了，报警的话，感觉对他（儿子）的性格影响会更大。比如说证实的家暴事实，把他（丈夫）拉去坐牢了，小孩子有什么新想法，就会给他心理上造成一个阴影
	担心子女遭受暴力	要么就是恐吓我和孩子，孩子这么小，经常给他吓得哇哇哭。有一次我逃出来，他带着孩子大半夜在路上到处找我，孩子在路上哇哇地哭，他就把这些拍成视频发给我。我真的很担心孩子，很担心他对孩子动手，只好回去
	害怕失去监护权	以前每次他打我时我都很想离婚，但我都自己忍耐，我舍不得孩子，我想给女儿一个完整的家庭，而且我们就一个孩子，如果离婚他肯定要和我抢的
子女未来发展考量	担忧影响子女未来职业	我儿子多次说长大后想要做警察，家族中有位做警察的公务员。考公务员需要父母无犯罪记录，报警的话他有案底，我不想他留案底，害怕因为自己断送儿子的未来。只能自己忍了
	担忧影响子女未来婚嫁	年纪大了，孩子都长大了，要开始找人（谈婚论嫁）了，如果离婚了，孩子以后不好找人，别人会嫌弃我们家，起码有一个家在，怎么说，孩子找人时人家不会说三道四。 因为我有 3 个孩子，一个都没有结婚，然后我小儿子还没有成年，我想给他们一个完整的家，在他们结婚之前，最起码他们是有个爸爸的，就是说有什么事情，他可以去找爸爸商量，或者他们在外面受到什么欺负，他能有个爸爸，能给他撑个腰说说话，我是出于这样的考虑

| 第二节 |

受暴妇女求助行为历程模式建构

受暴妇女求助行为往往带有时间历程性，不同的时间节点对求助需要、求助对象、求助资源盘点不同。为此，在对第一节扎根理论呈现的受暴妇女求助历程进行编码后，本节采用分类法，通过分析和案例的结合对不同求助阶段的类属和范畴进行详尽的展示。以更动态地呈现受暴妇女的求助历程。

一、受暴妇女求助行为发生前问题定义与认知

当受暴妇女决定开始求助，常常经过了很多的考量，本节尝试依据求助历程中求助前、决定求助以及选择求助对象的思路，盘点受暴妇女家暴经历以及求助过程认知。

（一）求助前：暴力认知

在求助任何系统前，受访对象都经历过一段对暴力容忍的阶段，这个阶段的受暴妇女受到个人信念的影响，或许还处于不承认问题的阶段，抱持一种暴力正常化的信念，或是已经意识到暴力的严重性，在被打和离开 / 决定求助间挣扎，却因为各种因素影响无法踏出求助这一步。

1. 暴力不严重：未能觉察求助需求

通过访谈发现，大部分受暴妇女认定的家庭暴力是从自我感知到肢体暴力开始的，日常口角常被认为是“家庭琐事”，初期的家庭暴力较为轻微，如扇耳光、抡一巴掌，夫妻之间的口角常常以丈夫的暴力而结束，

此刻，受暴妇女常自我消解不良的情绪，认为这是家庭正常现象。

暴力不严重以致受暴妇女认为的正常化家暴行为，会通过“不必计较”“被打是对方爱自己的表现”消解自身不良情绪。例如跟了丈夫十几年的阿晓，第一次挨打让她难以理解，最终只能以家庭小事，自己要大方不要计较去消解情绪，“第一次被打耳光的时候，我觉得很难受，第二天就好了，没事了。我不想去计较那么多，因为我觉得这是一件很小的事情，何必计较那么多……”（16- 阿晓）阿欣跟了丈夫二十几年，第一次挨打时是因为丈夫找岳父借钱而受冷落，当她在这件事情上为爸爸解释时而陷入两个人的争吵，丈夫以一巴掌结束了争吵：“开始是因为家庭经济，借钱的事情打我，那时候两个人吵得比较厉害，他打我一巴掌，好那就算了，大家不吵了，你生你的气，我生我的气，不说话就这样过了。”（13- 阿欣）很多受暴妇女都描述过类似的情景：“……第一次打架也是家里面的琐事。让他做饭他不愿意，我说了他两句，他就动手扇了我一巴掌……那是第一次，夫妻吵架是正常的……你就忍呀……”（20- 阿程）施暴者亦会以女性照顾不好孩子为由而打受暴妇女，“孩子小的时候，只要我管不好女儿，女儿哭闹，他就打我，打完我就打女儿……在外人面前一点也不留情面地打孩子，也打我，说我不会教孩子……”（12- 阿蓓）从受访对象的语言中可以感知，初期的家庭暴力常在双方的互动中出现，或因经济，或因家庭事务、子女照顾等因素，并伴随着妇女对施暴者的语言顶撞，施暴者以暴力结束争吵。这个阶段，求助被认为是难以理解的行为，或认为他人不会协助处理这样的家务事，如二婚的阿兰所言，“开始都是小打小闹，难道你就为这个事情去找人说去？家人会不会说你小题大做？不到那个份上，不会想着去找人，都是家庭里的琐碎事”。（2- 阿兰）在自我消解被打的不良情绪时，有些受暴妇女认为被打是对方爱自己的表现，如阿琼，“他第一次打我的时候，我心想他是紧张我，自己也会安慰自己不要多想”。（15- 阿琼）阿玉有时因生理原因拒绝与丈夫同房时，丈夫会辱骂或者动手，“因为那时候可能不方便或者不答应的话，他就走来走去，走来走去，然后他又说你又不爱我，怎么样？就那种感觉挺那个的，我就知道他可能这方面（性功能）存在问题，然后我就觉得带他去看看医生嘛，他不愿意，他说他很正常，有病的是我。医生说夫妻间要相互体谅，可能我也有不对的地方吧，所以引起他这么严重的怀疑或者对我这么暴力。其实我们两个之间可能感觉还是爱对方的，他是想我对他更好一点”。（6– 阿玉）特别是施暴者在施暴后会采取一些诸如道歉、温情诉说的方式获得受暴妇女的原谅，如阿晓所言：“就开始不断地打电话、发很多信息给我，微信语音哭给我听，又来那套苦情戏，说离开我不行，离开我他会死之类的话，这些都是惯用伎俩……他喝酒了就是癫佬（疯子），清醒了就承认错误……开始我就相信他呀，原谅他又跟他回去。”（16– 阿晓）

受暴妇女原谅施暴者的行为往往也掺杂着对施暴者的爱，停留在暴力圈 20 年的阿霞，在回顾这些年遭受的暴力时，仍然表示因为对对方的爱而无法离开：“这段婚姻里面我比他付出得多……每一次都很有这种想法，很想马上离开，但是静下来一想，好像又离不开了，很多因素在里面，还是对他有依恋吧。我一直放不下他。”（7– 阿霞）阿玉和丈夫是自由恋爱在一起的，对丈夫一直有爱，让她在暴力中一直忍受，“那时候是有点伤心，想想也就算了，作为我们女人来说，两夫妻哪有不吵架、不打架的，就忍了，真的是忍了，但是有些时候打你，可能他会拿东西之类的，觉得他应该不会打下来”。（6– 阿玉）

在暴力不严重时，忙于生计，无暇顾及也是暴力不严重时正常化暴力的因素之一，经济因素制约妇女受暴后去多想，“每天睁开眼睛就想着生活，想着几个孩子，手停口就停（没经济来源），小吵小闹过了就过了”。（20– 阿程）“还有几个孩子要养，真没空想这个事情，吵完、打完明天天没亮就要想着赶紧工作。”（1– 梅）

2. 暴力严重化：觉察但对暴力具有高容忍度

当暴力不严重时，受暴妇女用各种方式自我消解不良情绪，在觉察暴力问题严重时，个别受暴妇女开始寻求他人帮助，但也有妇女仍不求助。“坚强”“自我效能高”的女性对暴力的容忍度较低，在遇到暴力时会快速寻求解决的方法。例如和家庭关系紧密的妇女或家人目击暴力现场，都会寻求他人帮助或制止暴力。

求助行为本身是一个非常动态的过程，难以用线性的阶段去划分，但本研究尝试通过阶段的方式，能更清晰看到不同阶段女性对暴力经验中的认知，以便在后续提供符合的服务输送策略。为此在这里暂不讨论受暴妇女继而决定求助的议题，待下一部分再做呈现。从求助过程来看，本研究与 Burke 等（2001）应用跨理论模式分析受暴妇女的改变阶段中的不承认暴力期（预先考虑）及承认暴力期（沉思）发现相似，亦即求助前这个阶段，女性对暴力的定义标记为“正常化”或通过与其他严重的事件比较否认暴力。接下来，继续分析这个阶段妇女感知到暴力的严重性但仍不求助的影响因素。

（二）影响因素

觉察到暴力的严重性，但仍不求助，这些受暴妇女对暴力具有高度的容忍性，对暴力的高度容忍源自个人的负向性格特质，也有施暴者因素、家庭因素及传统社会性别角色的影响，这些成为受暴妇女求助路上的“拦路虎”。

1. 负向的个人特质会影响受暴妇女的行动

负向的个人特质会影响其对暴力问题的认知，如“软弱”“优柔寡断”“自我价值感低落”“无助”。如阿捷被打了 9 年，在访谈时常使用“软弱”一词形容自己的性格，“我觉得自己太懦弱、无能，才一次次忍耐他”。（10– 阿捷）阿霞受虐 20 年而无法脱离，甚至罹患重度抑郁症无法自拔，“就觉得自己的家庭这样，感觉自己好像抬不起头做人。我看到别人一家子过得很好，自己一家人这个样子，很多时候就很自卑”。（7– 阿霞）还有阿燊、阿琼，都用了相似的词形容自己的性格：“我不明白为什么自己会被打，感觉无能为力，我觉得自己太懦弱、无能，才一次次忍耐他。”（8– 阿燊）“我的话就是心软，每一次我都觉得我自己很懦弱，真的很懦弱，然而我一再原谅他，并没有换来他的改变，他的控制欲越来越强，就像是魔鬼。”（15– 阿琼）“被打了这么久，被打时难过得要死，过后我又恨自己离不开他，都怪自己没用。”（16– 阿晓）这些有负向的个人特质的受暴妇女，长期处在暴力圈中，对暴力产生无助感及宿命感。例如在暴力圈 20 年，终于离婚，但是离婚后 5 年，在受访时却表示在考虑是否要答应前夫提出的复婚，在描述暴力经历时有很强的宿命感，“每次他打我的时候我都有想死的念头。老婆不是应该娶回来疼的吗？还是我的命运就是比别人多苦多难？爹不疼娘不爱，嫁个老公又天天打我，上天对我太不公平了”。（12– 阿蓓）在受访时有相同描述的还有阿芸、阿芬、阿霞。“我当时什么都不图，就看中他人比较老实。但是我家里人都反对，特别是我妈，说他听力残疾，不能嫁，我就不服，最后赌气嫁了……想不开的时候我想着，怎么就我这么命苦呢？我当时为什么要赌气嫁给他呢？”（9– 阿芸）“自己命不好，就一直忍着，有苦就自己放在肚子里，满肚子泪水。”（17– 阿芬）“这就是命吧，我兄弟姐妹中，只有二姐过得好，我大姐夫出车祸去世了，三姐夫也死了，她们日子过得也不好。我前夫打我的时候，每次都说我两个姐是‘扫把星’，我说人家死老公你还这么到处说，那我也说你，你妈 ×××（粗口）！这么一说他又打我，拳脚一起来，有时拿起家里的凳子就往我身上扔……而且怎么说呢，可能就是我自己的事情，我也有问题，所以才遇到这种奇葩的人，其他人应该不会像我这样。”（7– 阿霞）

2. 早年成长经历

受暴妇女早年成长经历也会影响她们对暴力问题的认知，在暴力家庭成长的阿玉和阿霞，对暴力的容忍度也很高，如阿玉个人成长中充满“挨打”的记忆，亦目睹母亲在家被打，为此，其认知中对暴力的容忍度较高，“其实做什么事我很果断的，但是在处理生活方面、婚姻方面，我朋友都说我太软弱，可能我们家庭也是，我的爸爸就打我妈妈，我爸也很暴力，我就是从小被打大的，然后我妈就一直容忍着。我一开始提出离婚的时候我妈不同意，就劝我不要离婚，也说起这些事，可能与家庭教育有一定关系”。（6- 阿玉）

阿霞则是孩童时期目睹母亲被打而选择离开家庭让其产生了恐惧感，她受到很大影响，不希望自己的孩子没有母亲，因此对暴力容忍度很高，“我深深地记得有一次我老妈被打后，收拾东西要走，要离开家，我那个时候才几岁。我赶紧地抱着她的大腿，叫她不要走。我是这样过来的，所以我现在不想自己孩子也没有妈妈”。（7- 阿霞）

3. 施暴者恐吓及高控行为

长期处于被恐吓及被高度控制的状态，致使受暴妇女身心疲惫，丧失求助意愿。施暴者常采用的手段是限制受暴妇女的社交，常常伴随着高控制行为，如监视受暴者行踪、高度控制受暴者社交，致使受暴妇女与人际圈分离，生活仅围绕施暴者，采用这种方式的施暴者伴随着对受暴妇女性道德的污名，致使受暴妇女疏离社会支持，在暴力面前陷入求助无门的困境。

如阿晓的丈夫一直怀疑阿晓有违背道德的行为，对阿晓实施高控制的行为，“他的怀疑是全方位的，经常碎碎念，经常质问我，手机要看，微信要看，我一点个人的自由都没有。满嘴都是很难听的话，太难听了。一个不如意就用拳头解决问题”。（16- 阿晓）阿琼也有同样的遭遇，凡是丈夫不喜欢的人她都不能与其交往，“他就是要完全限制我的社交。我几乎没有朋友，我的一切就是他”。（15- 阿琼）阿琼为了打消丈夫的顾虑，尽量按照他的要求去做。阿琼尝试做过一些反抗，但是认为“受伤的还是我”。阿蓓在丈夫的控制下，基本就没有社交圈子，“他的控制欲很强。我下班的时间要准时准点，他会算我从公司到家里的时间，有时塞车回家晚了，他也会说我……虽然开始我有点儿难以接受，但想着这可能是他紧张我的表现，一般情况下我就尽量按时回去，有时晚一点到家，他的话都很难听，说我勾老（勾搭男人）这类的话”。（12- 阿蓓）

阿兰和阿玉还发现丈夫在她们的手机里安装了木马，她们的行踪丈夫了如指掌，每一笔经手机和银行的支出丈夫都非常清楚，阿兰也吃过这些苦："我每个月要还房贷，然后他就去银行打印了（支出流水），发现有900多元钱不知道花到哪里去了。然后他在银行那里一直骂我，说我拿900多元钱去养小白脸，一直骂，当着大家的面就这样开骂。"（2-阿兰）

4. 子女考量

子女考量是受暴妇女高度容忍于暴力中最常听到的原因。对子女的考量不但出现在求助前，还出现在整个求助过程中，甚至因子女重返或停留于暴力圈。

在子女考量中，受暴妇女常因担心孩子身心受损而忍受暴力，"当我们发生争执的时候，为了避免家庭和小孩子受到伤害，我会尽量隐忍"。（9-阿芸）"每次哪怕自己想离开，不要这个家了，最后冷静下来，就会觉得孩子还小，如果带孩子离开这个家，以后孩子会不会被别人看不起，没有爸爸，在学校读书万一老师、同学问起爸爸，也怕他受到伤害，就是会想很多"。（10-阿捷）"这个人已经不能跟了，虽说趁年轻离婚了以后还要找。我舍不得孩子，但带着孩子要考虑的事情比较多，也不想让孩子受委屈"。（4-阿菲）"像他家暴的时候，我什么方式都试过，我都想报警了，报警的话，感觉对他（儿子）的性格影响会更大。比如说证实的家暴事实，把他（丈夫）拉去坐牢了，小孩子有什么新想法，就会给他心理上造成一个阴影"。（5-阿诗）

施暴者也会利用女性对孩子的母爱，通过伤害孩子达到让受暴妇女重返暴力圈的目的，如阿琼，在家暴中逃离家庭时，丈夫利用孩子进行威胁，阿琼最后只好回家。"孩子这么小，经常被他吓得哇哇哭。有一次我逃出来，他带着孩子大半夜在路上到处找我，孩子在路上哇哇地哭，他就把这些拍成视频发给我。我真的很担心孩子，很担心他对孩子动手，只好回去"。（15-阿琼）女性在家庭中常会牺牲个人的想法，为了孩子的身心健康考量。

子女前程及未来婚嫁亦是受暴妇女忍受暴力的原因，如阿燊，在家人都支持她结束这段婚姻，或报警将丈夫绳之以法时，她反而退缩了，儿子的前程是她考量的因素，“我儿子多次说长大后想要做警察，家族中有位做警察的公务员。考公务员需要父母无犯罪记录，报警的话他有案底，我不想他留案底，害怕因为自己断送儿子的未来。只能自己忍了”。（8- 阿燊）

对子女未来婚嫁的考量更是看到了社会文化特别是父权社会下的传统迷思对女性的影响，阿欣认为只有爸爸在的家庭，孩子在外才不受欺负，“为了孩子可以不为自己考虑，再忍忍就好……我想给他们一个完整的家，在他们结婚之前，最起码他们是有个爸爸的，就是说有什么事情，他可以去找爸爸商量，或者他们在外面受到什么欺负，他能有个爸爸，能给他撑个腰说说话……”（13- 阿欣）同样的阿程也是未进入正式支持系统求助的受暴妇女，她认为完整家庭的孩子才能找到好人家，“孩子都长大了，要开始找人（谈婚论嫁）了，如果离婚了，孩子以后不好找人，别人会嫌弃我们家，起码有一个家在，怎么说，孩子找人时人家不会说三道四”。（20- 阿程）

5. 支持系统关系疏离

受暴妇女所处的家庭系统情境会影响受暴妇女对暴力问题的认知，特别是娘家生活不如意或与娘家 / 婆家关系疏离会抑制受暴妇女求助。阿玉在最严重的一次家暴中，前夫开车要和她同归于尽时，她跳车受重伤，远在贵州的娘家人来到阿玉所在的城市，阿玉却告知娘家人是车祸所致：“这件事（跳车避免掉下河）是去年 11 月的事情，我一直没和家里人说，因为我不想他们为我操心，毕竟离得那么远。后来我婆婆知道了，就向我的家人坦白了实情，没几天家里来了一大帮人看我。我比较心软，觉得这件事情应该就这么过去了，然后我就说是出车祸，不是他打的。”（6- 阿玉）阿花的情况则是娘家人生活不如意，阿花不愿意给娘家人添麻烦，被打后就忍耐下来：“第一次（被打）就觉得是问题了，第一次我没有告诉别人，当时也觉得这是家里的事情，而且我娘家这几年日子过得也不如意，我爸爸去世没多久我哥哥又中风，姐妹们都要帮衬着哥哥家。所以我被打也就忍着。”（11–阿花）阿芬则是和娘家人关系疏离，认为他们没办法提供帮助，不如不说，“我和家人都没说，说了没用，我爸妈帮不了我。我读完初中，我爸爸就说女孩子不要读书了去打工吧，他对我不闻不问，我从小就没受到过他的关爱。所以，我在社会上打工这么多年，遇到什么事情我都不和家里说，老公也是我自己认识、自己选择的，这件事情发生，我也没和他们（父母）说”。（17–阿芬）

6. 传统的婚姻观与面子观

传统的婚姻观念是受暴妇女内化传统社会文化观念，即完整的家庭、结婚就是一辈子的事情，如阿玉：“我一直觉得结婚就是一辈子的事情，所以一直离不开他。”（6–阿玉）“因为孩子，然后因为考虑家庭，自己的观念还是比较传统，为了孩子有一个家庭吧，不要这么轻易地说分开就分开。”（15–阿琼）“我这个年代的人，都没人离婚，我离婚了，真是不归路了，会被村里的姑嫂看不起，我啥都没，房子也没（农村有一套房子）。算了年纪大了，就这样吧。”（20–阿程）

社会文化情境影响受暴妇女对暴力问题的认知，还包括传统的社会性别意识会影响受暴妇女，使得其在暴力上自我归因或内化为女性的羞耻感。丈夫冷暴力阿玫 3 年，她会自我归因为作为女性没做好婚姻的经营工作，“说出去会有点担心家人会不会觉得是我的问题，虽然他们都说我们二人都有错，不会沟通和维系关系，但会担心他们觉得我作为女人不会经营婚姻，导致这样的结果”。（19–阿玫）阿霞面对丈夫出轨，一边痛心难过却也一直自我归因，“以前我各方面都认为是我自己做得不够好，知道吗？他以前在外面搞女人的时候，我就觉得我没有本事，我不够漂亮，没有吸引力，是我做得不够好，以前什么都是怪我自己。外面那些女人好像很有魅力，什么搽脂抹粉的，我就是一个土的，好像又没有人家钱赚得多，又没有人家有本事，什么都是怪自己”。（7–阿霞）阿花则把丈夫的出轨归咎于自身没有魅力，产生了羞耻感，“一个男人出轨，别人会怎么看，要么就说家里的女人没有魅力了，要么就是他花心，他还因为外面的女人回来打我，这真不是什么光彩的事情，不到迫不得已，谁会说”。（11– 阿花）

面子文化也会在这个阶段影响受暴妇女的认知，认为让他人知晓家暴会使个人颜面受损。阿欣和丈夫白手起家，有自己的公司，很避忌他人知道家暴的事情，“其他人能不说就不说了，这是家事，又不是光彩的事情，说出去别人会可怜你，如果别人可怜你，你也不好过。我不想别人可怜我……肯定有影响，我们是开公司的，都是有头有脸的人，传出去对公司影响也不好，不想让大家知道，我那时也出于这个考虑”。（13–阿欣）“我觉得这些家事不可外扬，不会和同事说这些事情”。（3– 阿妹）“感觉别人给不了你帮助，还会觉得你这个人的婚姻状况这么糟糕。我不想人家知道太多的事情，小孩也不喜欢别人知道他的家里的事情”。（5–阿诗）和丈夫同为驾校教练的阿穗，工作场域和丈夫是一样的，对彼此的圈子都很熟悉，“总是有点顾及面子吧。能不告诉就不告诉，你告诉朋友了，朋友可怜你的话，你下次还怎样和他（朋友）相处，一直让别人可怜下去吗？如果朋友根本不想听你诉苦，或者朋友把你的事情又告诉别人，那全世界都知道自己被打、自己家庭不幸福，出去会被人指点”。（14– 阿穗）

无论什么样的求助行为，都包含求助需要、求助者和潜在施助者这三个重要的因素（Nadler，1987），认识并定义暴力问题是求助需求、求助意愿发生的基础，求助需要是求助行为最基本的内部动力（Lee，1997），个体以各种方式对问题做出反应，这取决于他们如何定义或标记这些问题（Fox et al.，2001；Tsogia et al.，2001）并评估其严重性（Greenley and Mullen，1990）。研究较少关注个体如何认识和定义问题，以及这些定义如何影响他们的求助行为。相反，多数文献将焦点置于问题的普遍性上，却忽视了个体层面的认知差异及其对求助行为的深远影响，受害者对暴力问题的觉知会随着时间的推移而变化，这取决于她们在生活中做出改变的准备程度。

从文化角度来看，中国文化具有强烈的父权制和集体主义色彩，这源于数千年儒家思想（Lee，2000；Yu，2005）的影响。研究发现，父权制和集体主义不仅与特定社会中针对女性的更高暴力率有关（Archer，2006；Ho，1990），而且经常阻碍女性求助的决定和努力（Yoshihama et al.，1991）。父权制意识形态使妇女处于从属于男子的地位。不公平的性别关系有助于维持男性暴力的可接受性（Russo and Pirlott，2006）。在中国文化的集体主义中，中国人对自我的定义主要存在于与重要的其他人的关系中（Chu，1985；Ho，1990；杨国枢，1992）。由于这种对自我的集体定义，个人的行为与家庭的行为是不可分割的，不仅对他或她自己，而且对整个家庭都有后果。由于家庭的荣誉和荣耀受到高度重视，因此需要隐藏着被认为“可耻”的问题（Nguyen，2005）。

为此，在传统性别角色的规范以及面子文化作用下，受暴妇女容易将问题归因于自身，甚至产生羞耻感，并在这个过程中将暴力合理化，从而影响受暴妇女对暴力问题的认知。

（三）小结

从以上访谈研究中可知，在受暴妇女求助之前的这个阶段，她们所感知到的暴力现象，无论是被正常化的暴力，还是自己意识到暴力问题，都表现出了高度的容忍态度。在暴力正常化阶段主要呈现的特征是暴力不严重，受暴妇女基于对对方的爱，或认为被打是对方爱自己的表现，说服自己不必计较而自行消解不良的情绪，或因忙于生计，认为小打小闹是家庭正常现象。

意识到暴力问题的严重性后，不同受暴妇女对待此问题的态度不同，在个人特质方面，自我效能感强、对暴力容忍度低的女性和家庭关系紧密的女性能够很快寻找不同途径进行求助。

但有很多受暴妇女却对暴力展现出高度容忍的态度，这受到五个方面的影响：第一，负向性格特质及个人成长史，如柔弱、优柔寡断、自我价值感低落等负向性格特质。第二，过往的在暴力环境下成长的经历亦会使受暴妇女高度容忍暴力。第三，施暴者采用高控制行为，致使受暴妇女产生恐惧而不敢求助。第四，对子女的考量，如担心子女身心受损、子女前程以及娘家生活不如意或与娘家/婆家关系疏离会抑制受暴妇女的求助行为。第五，父权社会下的传统迷思对女性的影响，女性抱有的传统婚姻观念如完整家庭的迷思，为子女前程及婚嫁的考量都会导致女性牺牲自我的幸福；而传统的性别角色规范会进一步促使女性在暴力中自我归因，将暴力归咎于自身层面，面子文化也在这个过程中作祟，呈现出“家丑不可外扬”的面子担忧，这些导致了受暴妇女的高容忍度。

二、受暴妇女决定求助的脉络因素

是否求助的决定源于对问题的认知，并且随着女性对其情绪和外部环境认知评估的转变，妇女的决定会不断变化。Liang（2005）在其受暴妇女求助行为过程模型中认为，决定求助取决于两个求助条件：①认为问题是不可取的；②看到问题如果没有其他人的帮助，不太可能离开现有的处境（Cauce et al.，2002）。在访谈中发现，关键事件的发生是受暴妇女决定求助的重要原因。此外，因暴力累积的因素亦会促进受暴妇女求助。

（一）关键事件

随着暴力的严重化，受暴妇女开始意识觉醒，意识到暴力带来的严重后果，此刻，出现一些促进受暴妇女决定求助的“关键事件”，这些关键事件常常威胁到受暴妇女的人身安全或子女人身安全。总体而言，感知的暴力对个人身心造成了伤害，并且当下出现让女性难以忍受的事件，会促使妇女对外求助，这是求助的转折点。

如阿桑、阿芬、阿妹在人身安全受到威胁后，有过离开的念头，阿桑最后一次遭受家暴时从楼梯上滚下来，生命受到威胁而感知需要离开，

“从上一次，7月那一次被打得最严重的时候，比以往都要重，打到脑震荡，我觉得不离开以后可能会有生命危险”。（8- 阿桑）阿芬也是在暴力期间逃跑中感知生命受到威胁，“那次打我打得太厉害了，真是要拿我命。他发脾气要打我，从厨房要拿刀砍我，我赶紧跑，他抓着我的衣领，恐吓我……我推开他，赶紧跑，我跑下来的时候真的是很怕，跑着跑着腿都软了，摔在台阶上，滚了几个台阶，脚踝骨裂了，走不动了，我当时想着我可能要被他杀死了”。（17- 阿芬）阿妹则是在丈夫强迫要和她发生性关系时，她不从，被丈夫用枕头闷住鼻子不能呼吸而感知生命受到威胁决定离开，“可能他吸了白粉，脑神经受损，经常做些很暴力的事情。他拿枕头闷住我之后，给我发了好多信息，我都把他拉黑了。我的另一个电话号码关机了，这是我的新手机号码，他抢我手机。在他还没把枕头闷到我脸上之前，我是在家里的，他不让我上班，控制我人身自由，抢我手机，他把我整个人压到地上……所以那次下定决心”。（3- 阿妹）

与很多其他研究一样，特定事件的发生，成为受暴妇女求助的“转折点”（Fugate et al.，2005）。发展中国家的一些相关研究也发现，虐待升级到无可忍受的程度，或受害者感知生命受到威胁都会成为受暴妇女求助的转折点（Kiss et al.，2012；Jayasuriya et al.，2011；Ergöçmen et al.，2013）。

（二）促进因素

这些关键事件的发生，促使受暴妇女决定对外求助，除了家庭暴力中出现的一些关键事件促使女性萌生求助动机，还有一些持续性的暴力长期积累的伤痛，致使受暴妇女在某天决定采取行动。

1. 正向的个人性格特质

在妇女觉察暴力问题严重时，能快速进行求助。个人性格特质的影响较为明显，“坚强”“自我效能高”的女性对暴力的容忍度较低，在遇到暴力时会快速寻求解决的方法，如阿梅、阿妹、阿菲都是很好的例子。

例如阿梅，在访谈过程中展现出女性的刚强以及很高的自我效能感，她遭受了3次家庭暴力，每一次暴力发生后阿梅都找来弟弟和妹夫，揍丈夫一顿，以震慑丈夫，在丈夫对家庭不闻不问时，阿梅自学开挖掘机，带着3个孩子，撑起整个家，“有时候没办法，求人不如求自己，别人也没有时间，人都不傻，你看别人怎么操作，你就怎么操作。注意刹车就可以。在这种环境之下，可能也从小养成了一种好强的性格。不要靠他……我就是那种不服输的女人，什么都不想输那种……也是难做人，别说做人难，做女人更难，做个女强人难上加难，谁想做女强人，谁都不想做女强，谁不想自己老公像棵大树，要风有风，要雨有雨。现在只能靠自己”。（1– 阿梅）在访谈中，阿菲和阿妹展示的特质和阿梅很像，她们吃苦耐劳，对暴力的容忍度低，认为女性不要依赖男性，“别人会说我好厉害，嘴巴好厉害（能说会道）。我干吗要遭他这个罪，这个时代女人不比男人差，男女是平等的，他这样对我，我要告诉全世界的人，我也不是好欺负的”。（4– 阿菲）在第一次暴力出现后阿妹报警，警察调解后二婚的阿妹认为应该给丈夫一次机会，但是不能容忍第二次，“后面我想既然这样，我就最后一次原谅你，我说你再有下次，大家就分手，不要再在一起”。（3– 阿妹）后续的家暴阿妹都打“110”求助警察，并将多次家暴的证据收集好，在警察出示《告诫书》后，还向法院提请《人身安全保护令》，在研究者电话回访时，阿妹已经离婚，她认为自己的人生很悲壮，两段婚姻都不幸福，但是相较于容忍于暴力中，她还是愿意接受离婚的结果。

2. 自尊受损

发生让女性自尊受损的事也会促使女性萌生离开的念头。如阿花的丈夫接二连三地出轨，她难以忍受男方外遇，“我心想他既然愿意回头，经过这一波（第一次出轨被女性骗钱）就能清楚外面的女人也没有什么真心，就是骗他图他的钱，那我们就重新开始，他也不再找这个女人了。他姐姐还给我找了同一个工作单位的工作，总想着生活可以重新开始，安稳一点过日子，想不到狗改不了吃屎。换哪个女人都受不了”。（11-阿花）而阿晓则是被丈夫扒光衣服赶出家门的，这事件让她倍感耻辱，“后来，我们回到家，忘了因什么事情吵架起来，后来他就把我的衣服扒了，还把我推到了外面，不过推到外面不一会儿，我就进来了。但这个很耻辱，是很耻辱的行为，这种事情我一辈子都不会忘记的……”（16-阿晓）

3. 身心健康问题突出

长期持续性地处在暴力圈，使身心健康问题凸显，包括精神状态差、生活作息失序，甚至患有身心疾病，这些使得她们难以忍受暴力带来的身心的伤痛，终有一天，受暴妇女看清现实，观念改变。阿霞经过抑郁症的折磨，在社工的辅导及两年的坚持下，终于看清现实，观念有所改变。比如“经常半夜他就闹，我白天都工作不了。精神太差”。（3-阿妹）“都记不得了，应该是，反正都是这方面（抑郁）的原因，整天都是哭哭啼啼，后面才觉得自己不对头，就去看了一下，吃了那个药的时候整天打瞌睡，根本没精神上班，我就断断续续地吃了一下。现在知道这个影响太大，也真的想离开他……现在我反而不想自杀，我只想勇敢地活下去，因为我想这个男人靠不住，我只有靠我自己。以前我一直在想，我老的时候还有一点点依靠，现在我看清楚了”。（7-阿霞）阿捷在睡梦中也会被惊醒，“身体上的伤害是忘不掉的，当时很痛，睡觉睡不着，睡觉会被吓醒。心理阴影很大，听别人提到夫妻打架，都会怕”。（10-阿捷）

4. 孩子的身心考量

前面发现妇女会因为孩子的人身安全及身心健康而高度容忍暴力，但同时，子女人身安全受到威胁或身心健康受损时亦会反过来成为妇女积极求助的动力。“当时很绝望，想别人能帮的东西太多了，希望有人能帮我处理这个事情，帮我离开这个恶魔。不仅是我，还有我两个孩子，他们胆子很小，也很怕他爸爸，每次家里只要他的脚步声出现了，孩子身体都哆嗦，我也保护不了他们。如果能离婚，房子我都可以不要。”

（15- 阿琼）阿蓓“完整家庭”的传统婚姻观念很重，加之与婆家、娘家关系疏离，一直容忍丈夫的暴力，直到丈夫对 18 岁的女儿大打出手，让她开始醒悟要离开这个男人，“以前每次他打我时我都很想离婚，但我都自己忍了，我舍不得孩子，想给女儿一个完整的家庭，而且我们就一个孩子，如果离婚他肯定要和我抢的，有一次他在学校打女儿，我开始下决心和他离婚”。（12- 阿蓓）

子女考量是出现最高频率的词语，子女考量既可能成为受暴妇女求助的阻碍因素，但也可能成为促使受暴妇女离开暴力关系的因素。在一些研究中已发现，处于暴力关系中的儿童的存在也与寻求帮助有关（Meyer，2010）。儿童的存在增加了披露的可能性（García-Moreno et al.，2005b；Meyer，2010；Parvin et al.，2016），特别是虐待孩子或施暴者致使她们的孩子处于危险之中（Kiss et al.，2012）。

5. 经济独立

经济独立往往给了女性离开暴力的底气。如阿梅认为丈夫工作能力不如她，丈夫离开她会一事无成，这让她有更多的底气。阿玉经济条件好，其经济能力为其增加了资源获取的信心，如阿玉可以通过付费寻找律师获得权力保障资讯：“像我可以请律师，现在请律师要 3 万多，很多女人也不愿意出这个钱，有些也出不起，可能女人闹得面子也不好，各方面都不好，很多女人也没想到为了这种事情要去找律师。”（6- 阿玉）阿兰作为公职人员，一人支撑全家经济支出，害怕游手好闲的丈夫拖累其家庭，为此考虑离婚。“因为我那时候买了房子，房子是我买的，房贷也是我在还，没办法跟他沟通，那时候小孩还小。后来我没办法了，我要用钱，要买奶粉，纸尿裤什么的都要用，小孩有时候这病那病也要钱，他当时不怎么上班，还要供他女儿（前妻所生）读书，也要伙食费。然后我那家公要抽烟，还给钱让他抽烟，所以一个家的经济支出都压在我身上。他经常性地不上班，只赚那点钱，我说我出去赚点钱也不够用。这样下去我都给他拖垮了，还不如独身一人。”（2- 阿兰）

6. 重要他人支持

子女劝说父母离开、子女成长会给予受暴妇女离开的动力。阿蓓等待孩子高考后提出离婚，和阿蓓情况类似的，还有阿诗。阿诗很早就萌生离开前夫的念头，因担心儿子的身心健康而忍受暴力，但是和丈夫僵硬的关系、不协调的性生活，以及丈夫在孩子面前不分场合的要挟，致使她难以忍受，“最后这两三年他很变态的，因为我们吵架，所以分房睡，最近两三年小孩读初中寄宿了，家里就剩下我们两个人，因为男人他有那方面的需求，但是我跟他那么僵，不可能跟他有这个方面的，他就硬来，把家里摔个稀巴烂，然后搞到凌晨三四点……三年来都是分房的，我们家房门锁不了，我跑到那边房间，他也跑到那边房间。有时候他知道我担心小孩，他就故意在小孩礼拜五、礼拜六回来的时候，当着小孩的面去说这个事情，说你老妈出去勾引男人了，不给我怎么样，故意在小孩面前问我，今晚你给不给我，我就觉得这个人已经无可救药了，不分场合也不理会小孩的感受，已经到很变态的那种了，我就觉得受不了”。（5- 阿诗）但阿诗最终在孩子学会独立生活后选择离开，“有时候真的有想过离婚，但是我怕他不去，想过很多途径，但是都没有实现过，还是拖到现在等到小孩接受了才走出（离开）这一步……我很早就培养我儿子要独立，他现在可以自己去买衣服、配眼镜，就是要这样的独立，然后我还告诉他即使父母分开，也是爱他的，这些都是我的准备。我才好离开这个人，不让孩子成为牵绊”。（5- 阿诗）可见，女性受到家庭照顾角色的文化定型的影响，常牺牲个人需求隐忍于暴力圈。但是，子女成长或具有自理自立能力后会促使受暴妇女产生离开的动力。

此外，和家庭关系紧密的妇女遭受暴力后亦会快速寻求帮助。和家庭关系紧密的妇女如阿桑，她自诉也是父母的掌中宝，在第一次挨打时，阿桑就回去找娘家诉说，“他喝醉酒就打人，我和他结婚不到一年他就动手打我，那一次就是出去喝酒，回来大醉，我问他和谁去喝酒，怎么喝了这么多，我说了他几句，他就动手扇了我一耳光……当时觉得怎么就打我了，我觉得很委屈，不理解我怎么就被他扇了一巴掌，第二天我就回我爸妈那里，我告诉我爸妈了，我爸妈很生气，当时就带我去村委找了妇联”。（8- 阿燊）

家人目睹暴力现场，协助受暴妇女制止暴力，亦会促使受暴妇女对外求助。阿梅因为家庭经济和丈夫在看电视时发生了口角，丈夫打她时女儿在场向家人求助以制止暴力。“那时候好像是 2008 年，我们因为没有本钱，他看到别人赚钱，也没有人帮着我们，心里不舒服了，一肚子全是气。生了气就撒在我身上，看了电视应了几句话就把我从床上拽下来，拉了头发拽下来，一只手拿把刀，一只手拿根棍就打你了！女人肯定打不过男人，我女儿就打电话。因为我弟弟他们都在这儿嘛，打电话给我弟弟，弟弟他们第一次都没理他。后来过了一天，因为他打了我的头，我去医院看了下，过了一天又说起别人挣钱的事，他又打我，我女儿就又打电话给我弟弟，我弟弟和我妹妹、妹夫三个人打了他一顿。”（1-阿梅）

7. 神灵系统及资源可用

此外，仙人托梦、资源可用也是妇女决定求助的促进因素。例如阿玉认为婆婆托梦让她有了离开的底气，“我婆婆托梦给我，说如果真的和他过得太苦就下定决心离开他，我很相信托梦，我婆婆只托梦给我和我小女儿，所以她都这样和我说了，我就下定决心和他离婚”。（6- 阿玉）。在资源可用这部分，则涉及妇女决定求助对象的选择，但获得求助资源信息是决定求助的促进因素，如阿诗最初是受到电视调解节目启发而开始萌生对外求助的想法的，“我之前看过某个电视台的一个栏目，主要讲这些家庭婚姻之类一些调解的，就是问一下你为什么，你为什么这样，问一下双方有什么想法，然后就说怎么去调解的，有一些合的，有些是分的。我想我也可以找这样的节目帮我”。（5- 阿诗）阿穗的职业为驾校教练，她通过日常工作接触到可用的资源，其自述“我不主动告诉别人家里的事情，我接触最多的就是我的学车学员，有大学生、律师、做保险的、老师、做老板的，什么样的都有。练车的时候会聊几句，也都知道他们的职业，自己不知道怎么办的时候，可以问学员，有些学员比较热心”。（14- 阿穗）

（三）小结

以上研究者就受暴妇女决定对外求助的脉络因素进行了探讨。这一部分主要包含关键事件如何促成受访对象求助认知的转折。从以上访谈研究中可知，感知暴力的严重性是决定求助的前提，随着暴力的加重，受暴妇女开始意识觉醒，会出现求助的转折点，也就是发生的一些关键事件让受暴妇女决定求助，这些关键事件常与受暴妇女或其子女人身安全有关。

促使女性决定求助的因素还有：第一，个人层面，包括个人性格特质、自尊受损以及身心健康问题凸显，个人性格特质中带有坚强及较高的自我效能感，对暴力容忍度较低，或在持续的暴力中使得女性自尊受损也会促使女性萌生离开的念头。第二，家庭系统层面，子女的人身安全及身心健康既会影响受暴妇女容忍度，亦会促进她们的求助行为，特别是当子女成长或具有自理自立能力后会促使受暴妇女产生离开暴力圈的动力。此外，和家庭关系紧密的妇女或家人目睹 / 参与暴力的现场都会促使受暴妇女求助或制止当下暴力。神灵系统中重要的先人托梦也可促使妇女意识觉醒，资源的可获得性亦会增加其决定求助的信心。

三、受暴妇女求助需求、求助对象选择

受暴妇女决定求助，常常是经过很多的考量。受暴妇女可求助的资源有哪些？对于长期遭受暴力的妇女而言，求助并非一蹴而就的事情，施助者的人际反应以及救助效果，都会反过来影响受暴妇女对暴力的认知，或继而停留暴力圈，或继而继续寻求其他系统的协助。这是个交互影响反复的过程，施助者的反应及救助效果到底又会如何影响受暴妇女

接下来的求助行为？接下来，我们来探讨一下，在寻求帮助的过程中，受暴妇女会选择向谁求助？她们希望得到什么样的帮助，解决什么问题？在不同的暴力阶段，她们更倾向于向谁求助？此外，关系对受暴妇女选择向谁求助以及寻求何种帮助时有何影响？本节将沿着以上几个问题的思路盘点受暴妇女求助对象的选择。

（一）求助对象类型

积极向社会支持求助被认为是摆脱暴力的重要途径（Linos et al.，2014）。社会支持包括正式与非正式，来自个人社会网络（如家人、朋友、亲戚、邻居、宗教、社团朋友等）的支持为非正式支持，来自社会系统（如司法、警察、医疗、社区服务等）的支持为正式支持（周月清，1995）。社会支持可提供的表达性支持及工具性支持（Lin，1986），能满足受暴妇女情感需要及其他物质需要。访谈中的受暴妇女都采用了多种途径向外界进行求助，积极同家庭暴力进行抗争，包括向警察、妇联、村委干部、律师、医生、法院、反家暴中心（社工）、救助站、媒体节目、家人（娘家／婆家／子女）、亲戚（叔伯兄弟）、邻居、闺蜜／朋友、同事、网络社群以及神灵系统求助。这些支持系统可以分为正式支持系统和非正式支持系统（王笃强，2009），警察、妇联、村委/社区工作站、律师、医生、法院、反家暴中心、救助站、媒体节目属于正式支持系统，家人（娘家／婆家）、亲戚、邻居、闺蜜、同事、网络社群以及神灵系统属于非正式支持系统。由表 4–4 可知，20 名受访对象全部求助了家人，包括娘家和婆家，其次求助亲戚较多。17 名受访对象进入了正式支持系统，最常求助于警察，继而到妇联、医院、律师。

表 4–4　受暴妇女求助对象选择

序号	求助类别	受暴妇女选择（序号代表相应的受访对象）																				频次
		1	2	3	4	5	6	7	8	9	10	11	12	13	14	15	16	17	18	19	20	
1	警察	√	√	√	√		√	√	√	√	√	√	√		√	√	√	√				15
2	妇联	√	√	√	√				√			√	√	√	√							9

续表

序号	求助类别	受暴妇女选择（序号代表相应的受访对象）																				频次
		1	2	3	4	5	6	7	8	9	10	11	12	13	14	15	16	17	18	19	20	
3	村委 / 社区站				√				√		√											3
4	律师		√		√	√	√		√		√	√			√			√				9
5	医院	√	√		√		√	√	√	√				√				√				9
6	法院		√	√	√		√		√													5
7	反家暴防护中心					√	√	√								√		√				4
8	救助站						√									√		√				3
9	媒体节目													√			√					2
10	家人（娘家 / 婆家）	√	√	√	√	√	√	√	√	√	√	√	√	√	√	√	√	√	√	√	√	20
11	亲戚	√		√	√	√			√		√	√		√		√	√		√	√	√	13
12	邻居		√						√	√	√						√	√	√		√	8
13	朋友 / 闺密				√		√	√					√							√		5
14	同事 / 顾客		√	√									√		√	√						5
15	网络社群		√																			1
16	神灵		√				√														√	3

1. 非正式支持系统

第一，父母是受暴妇女最先求助的重要对象，其次是娘家的兄弟姐妹以及公婆和婆家的叔伯兄弟等。

20 位求助对象都向娘家或婆家求助，首先求助最多的是受暴妇女的娘家，又以先求助受暴妇女的父母，其次求助娘家兄弟姐妹，再次是公公婆婆，最后是娘家的叔婶或婆家的叔伯兄弟等亲戚。其他研究也有同样发现，婆家和娘家亲人是受暴妇女求助的第一选择，是受暴妇女最有利的支持来源，可获得物质或精神上的支持（吴仙，2013），所有受访对象均求助了娘家或婆家，这些与黄一秀（2000）、祝韵梅（2002）以及简春安、常宏文（2002）的研究结果一致。

首先求助娘家父母的有9位：2–阿兰、9–阿芸、10–阿捷、12–阿蓓、13–阿欣、14–阿穗、15–阿琼、16–阿晓、20–阿程。她们在无法忍受暴力后，最先求助了娘家人。例如阿晓，在暴力不严重时，阿晓自我消解不良情绪，自我暗示不必计较、要大方，但是随着暴力频率越来越高，个人再无法消解不良情绪，阿晓找了娘家倾诉："他打我越来越多的时候，我没人说呀，只能告诉我妈，我爸妈都没打过我，我从小身体不好，是我妈妈一把屎一把尿把我拉扯大，现在我一个人带3个孩子，还要被他这样打，我和我妈说，我妈就哭。"娘家人给予阿晓很大的情感慰藉及陪伴，也上门积极为阿晓做家庭调解，"他发起酒疯人都不清醒的……我妈也在数落他，我爸妈上门找他，告诉他好好说话不要打我……我爸妈去找他让他控制好情绪，但是他这个人，真的不会表达，来气就是打"。（16–阿晓）

阿兰和父母住在同一地区，丈夫是河南人，在珠三角工作，他俩是通过网络认识的，后来丈夫放弃珠三角的工作来到阿兰所在的城市，他的这一行动打动了阿兰，双方都是二婚，阿兰认为这样大家对感情会呵护有加，但想不到很快就出现暴力，"那时候我还以为我能改变他，我就一直忍让，在生活中一直忍让、忍让……忍让到最后就发展到打我了，拿菜刀追砍我……就是说都经历过了这些坎坷我以为会珍惜，但是我没想到他那么对待婚姻，那么游戏人生"。（2–阿兰）再无法忍受暴力对身体和精神的折磨后，求助了父母，阿兰的妈妈以安抚和劝和为主，教导阿兰和丈夫要如何相处，劝告女婿不要打阿兰。

阿琼是因来此地上大学，毕业后定居在这里，在房价低位时购置了市区一套商品房，并在这里结婚生子，父母在其他城市。阿琼在遭受暴力后多次寻求了娘家和娘家亲戚的帮助，"我妹妹是最先知道的，我和她关系很好，发生这样的事情，我就告诉了她，当时是想找人安慰一下。我妹妹性格比较刚烈，一听到这个事情就让我和他离婚，本来我老公对她也有意见，就跑去我妹妹家恐吓她。她也害怕呀，就告诉了我妈妈"。（15–阿琼）阿琼的父母和她不在同一个城市，父母和妹妹坐车来看望她、宽慰她，积极从中调解她和丈夫的关系，让丈夫不要对她施暴。随着暴力不断升级，阿琼继而向同一城市生活的舅舅求助。

其次有 5 位受暴妇女首先求助兄弟姐妹，如 1- 阿梅、5- 阿诗、7- 阿霞、9- 阿芸、11- 阿花。求助兄弟姐妹的受暴妇女，她们与兄弟姐妹关系较为密切，父母年纪较大或与她们不在同一个城市。例如阿诗，把想离婚的事情和姐姐说了，“当时被打了好几年，我姐也搬过来这边住了，时间长了我就和她说了，她也支持我离婚，要帮助我，就是给钱让我把婚离了，我前夫那时候说离婚，我当时拿了他一万元，他让我还他就签字，我就和我姐姐说了，我姐回去就让我姐夫拿了张银行卡给我，说支持我”。（5- 阿诗）阿芸和阿梅则是在暴力发生时，弟弟过来制止暴力。阿花最初的求助并非因为丈夫暴力，而是因丈夫出轨时借了高利贷求助兄弟姐妹，兄弟姐妹希望阿花可以维系家庭而帮助她解决经济问题，“第一次这个女的不知道是不是骗他的钱，他很多钱都转到这个女的名下，还用自己的名义给这个女的借高利贷，后来高利贷追债上门，欠了 46 万元，那时候家里都没钱了，他自从找了那女人，就没怎么按时给家用的钱，我小女儿才出生没多久，奶粉、尿片都要钱。当时我心想离婚算了，我家婆和我的娘家人都劝我，两个孩子都还小，他们都愿意凑钱帮他把这个高利贷还清，他回到家还跪到我面前求我原谅，说再也不做这样的事情了。他姐姐给了 40 万元，我的兄弟姐妹一起凑了 6 万元，这个事情就这样了结了”。（11- 阿花）后在暴力再发生时阿花打电话求助了住在附近的叔叔婶婶来制止暴力。

最后有 4 位受暴妇女首先求助婆家的有 6- 阿玉、8- 阿燊、18- 阿庄、19- 阿玫。阿玫 20 岁和丈夫结的婚，和夫家一大家子住在一起，关系融洽，娘家不在同一个城市，为此，阿玫在出现问题时首先考虑找婆家，“说真的，我婆家人对我都挺好的，我们两个结婚时年纪都挺小，他们都很照顾我，我婆婆对我也没什么挑剔，叔叔和婶子都把我孩子当自己的照顾。他对我不理不睬，就是我婆婆说他他也不怎么回答，叔叔和婶子，也会帮忙说几句，说让他顾一下家，但这些劝说对他都好像是耳

边风，他都是我行我素，对家人就像陌生人，我不知道是不是和我在家也有关。他就是看大家都不顺眼”。（19- 阿玫）

阿玉更是觉得和婆婆什么都可以说，或许是同病相怜，彼此理解，阿玉的婆婆在家庭中也一直遭受家暴几十年，隐忍几十年，婆家中阿玉只和婆婆倾诉，其他亲戚并不知道阿玉遭受家暴的事情，“我家公（公公）在外面有其他女人，在外面生活。其实我觉得这种问题有可能遗传，也不是说遗传，可能是家庭教育有点问题，因为我觉得我家公以前也是这样，打我家婆，所以我就跟我家婆在一起，一直跟我家婆关系很好。那时候我家婆也闹过离婚，但我家公不同意还打她。所以我家婆一直忍了几十年。我和家婆关系很好，我什么都和她说的，她去世后，做梦梦到她我都舍不得她走，要和她说很多的话”。（6- 阿玉）阿玉的婆婆得知儿子暴打媳妇时，虽说开始给予情绪慰藉，但后面婆婆在得癌症快撒手人寰时，劝说阿玉离婚，开始自己的新生活，不用像她一样委屈一辈子。家庭暴力致使生命受到威胁，阿玉才下定决心离婚。婆婆去世后，暴力逐渐严重，阿玉都是以报警求助为主。

阿燊则常常依靠同住在附近的大伯帮忙制止暴力，提供庇护的场所，“我们一大家子都在附近，大伯就挨着我们这栋楼，还有婶，大家相互照顾，他们对我也很好，有什么事情都是先找他们……有一次他喝醉酒回到家里，扇我耳光扇到我听不到别人说话，耳朵里面嗡嗡响，还不让儿子去上学，为了躲他，我和孩子跑到隔壁大伯家住了一个星期……他每次打完就忏悔，在大家（亲戚）面前写保证书，不会再打”。（8- 阿燊）

第二，亲戚、邻居在暴力紧急时是非常重要的制止暴力、提供庇护的施助对象。非正式支持（如亲戚邻里、朋友）为受暴妇女提供了庇护的功能，阻止暴力，为受暴妇女提供临时安置，特别是在农村，邻里常充当着调解暴力的角色。

在遭遇最严重的一次暴力时，是邻居和他儿子送阿燊就医的，“最近一次打我我记得很清楚，是 2017 年 11 月 18 日，他那天喝酒又喝到很晚才回来，晚上十一点，回来就在楼下拍门，我都躺下准备睡了，只好下去给他开门，他发酒疯嘴里一直在骂人，我锁了门跟着他一直往3楼走，我就说了他自己没带钥匙吗之类的话。他就开始发疯打我，一把抓住我的头发，把我从楼梯上拖下去，我整个人都是跪着的姿势，我挣脱开赶紧往外跑，但大门我还没来得及打开他就追上了，掐着我的脖子，很大力把我放倒，我摔到地上，后脑着地，流了很多血，我儿子听到声音跑下来阻止，大声喊求救。邻居听到了都跑过来，他看到邻居过来就走了，是邻居和他儿子送我去的医院，我在医院住了一个星期”。（8- 阿燊）另外，邻居在暴力实施时也会出来劝架，制止暴力，如阿芸所言，“邻居出来说他，他就不会动手了……亲人、邻居和两三个朋友，他们看到都会劝架……我和他吵架吵得比较凶的时候，当时我弟还在我家，吵架的时候我会让我弟过来帮我。弟弟会去劝一下他，如果我和他又吵起来，快要动手的时候，弟弟会拉住他”。（9- 阿芸）阿捷则在暴力严重时，亲戚为其提供庇护，还有金钱上的援助，“……亲戚在我被打得很严重时，接我回她家里休养，让我放心养伤，小叔子还给我1000元让我去养伤”。（10- 阿捷）

第三，以朋友 / 同事提供情绪支持为主，且有的还提供经济援助、庇护及信息。城市地区的受暴妇女倾向求助朋友或同事，在受访对象中，求助闺密、朋友或者同事的受暴妇女，具有以下特点：①受暴妇女和娘家 / 婆家关系较为疏离，或地缘原因无法及时提供帮助；②娘家 / 婆家已经不能为其提供需要的援助；③朋友 / 同事关系亲密，能提供及时的援助。

例如4- 阿菲，先告诉了朋友，她和同村的几个姐妹一同嫁到夫家这个村，姐妹之间平时联络得比较多，按照她的说法：“同一个村嫁过来的姐妹，就要相互帮助……我当天脾气非常躁，一整天都坐在我姐妹家里，没回家，没回去吃饭……我买东西的钱都是姐妹借我的……”和婆婆吵架时，同村姐妹也会为阿菲出头，“我到姐妹家说这件事情给她听，姐妹就去叫她（婆婆），当时我老公不在家，他没回来过清明，我姐妹和她夫妻俩（家公、家婆）说‘你在村子里当着这么多人的面骂你儿媳妇，这是你做家长的错，既然你们相处不来，他们一家又没本事出去住，那你就把孩子留下，让儿媳妇出去工作'"。（4– 阿菲）阿琼则通过同事获取了正式求助的信息，在无处可去时获得同事的住房庇护，“同事介绍我来找社工，我同事就住在这个庇护中心附近，她知道这个地方，在Y街一个小巷子里面，不注意大家也不知道……我在庇护中心住了7天后，因为社工说要住又要再申请，审批了才可以续住，后面我就去我这个同事家里住了一段时间”。（15– 阿琼）阿穗是驾校教练，通过学员获得各类信息。“学员中做什么职业的都有，大家也都互加微信，有的是律师朋友，如果我有什么疑问，他们可以解答我”。（14– 阿穗）

第四，网络社群：新兴的自助群体，可提供情感宣泄及信息。网络社群也是受暴妇女求助对象选择之一。网络作为新兴的自助社群，可提供情感宣泄及信息，当受暴妇女不好意思向实体正式 / 非正式支持系统求助时，网络的匿名性往往能助推其维护自身权利（吴小永，2006）。网络上有不少受暴妇女微信群、QQ群，在群里面，受暴妇女可以勇敢地陈述自己的遭遇，群里同样是受暴妇女，在情感支持上容易产生共鸣，且能获得一些求助信息。阿兰在网络上添加了一个受暴妇女社群，常在里面分享自己受暴的经历，述说家暴的过程，在群里能获得其他受暴妇女的安慰，“我加了这些微信群（受暴妇女），才知道这么多妇女都和我的情况一样，有些也是被打得很惨……在群里很放松，大家也不问工作，都是说一些家暴的情况、自己的感受，还有的会提供一些律师，保存证据之类的信息，我加了几个这样的群”。（2– 阿兰）阿妹、阿玉也通过网络获取一些这类信息。

第五，神灵系统：受暴妇女可获得心灵安抚。神灵是非常好的纾解情绪的系统，可以避免求助时失去隐私、自尊、耻辱感（Fleury et al., 1998）。4位受暴妇女通过算命、拜佛等方式获得心灵安抚，如年过六旬的阿程，年轻时丈夫当甩手掌柜，她独自一人抚养4个孩子，她一直期待丈夫能回归家庭，她跟随家人去算命，“当时我也去算过命，算命的说他46岁后就会变好，当时我心里就想着为了几个孩子，都要扛着等到他

46 岁。他愿意变好回归家庭就好”。（20– 阿程）。通过算命，认为丈夫还会回头而获得精神的安抚，一直支撑其单独抚养 4 个孩子。深爱丈夫的阿霞也通过算命的方式尝试解决两个人的问题，“当时想不通为何他会这样对我，我找了算命的，他就帮我们俩合八字，他说他可以搞定。结果他拿了一个三横（手比画一个图形）的东西说让我放到枕头下面。当时还花了不少钱”。（7– 阿霞）知识文化水平较高的阿兰和阿玉，也会通过算命、风水、托梦解决问题。和丈夫白手起家的阿玉，对丈夫的爱让她一直容忍丈夫的暴力，当暴力越来越严重时，她通过神灵托梦的形式，和逝去的婆婆聊天，包括情绪的安抚，以及婆婆建议离婚、财产分配的决定，都是婆婆托梦告诉她怎么处理的，基于对神灵的敬畏，她也会经常做善事，获得心灵上的安抚，如“我真的很信这些（求神拜佛），她说做一下善事或者捐赠一下，我都会去做这些”。（6– 阿玉）

2. 正式支持系统

在非正式支持系统无法有效制止暴力时，正式支持系统成为受暴妇女非常重要的求助资源。随着城镇化、城市生活方式和居住习惯不断改变，以及人口流动的快速发展，在城镇，社会邻里关系越来越松散，对于在城市生活、工作的受访对象而言，她们也感知到邻里的疏离、亲友关系的淡化，使得正式支持系统的重要性越显重要。

第一，警察是正式支持系统中最常选择的求助系统。受暴妇女最常求助的资源是警察，15 位受暴妇女有求助警察的经历，“有困难找警察”这一口号家喻户晓，警察是百姓最普遍的救助对象，因公安机关有执法权，是目前最为普及、最为便利的执法单位，对当下暴力制止具备绝对的优势。且在《反家庭暴力法》第三章明确指出公安机关对家庭暴力的处置责任，包括对报案人保密（第十四条）、出警、制止家庭暴力、调查取证，协助受害人就医、鉴定伤情，协助其安置到临时庇护场所（第十五条），出具告诫书（第十六条），监督施暴者不能再施暴（第十七条）[1]。Bower（1984）也提出受暴妇女最常求助的正式支持网络是警察。

在求助途径中，有的是受暴妇女自己求助，有的是孩子、亲友、邻里协助报警求助。例如阿梅，女儿目睹暴力现场，快速报警，“他打我的时候都是我女儿一边打110报警，一边掩护我让我跑”。（1–阿梅）“有人在，他不会动手，我单独在的话，会动手打人。只能报警了。不过他一抢你的手机，你就报不了警。你不可能和他打的，其实他打了我这么多次，我根本还不了手，打得你痛了，你就只能坐在那里，动都动不了。以前我没想过报警，后来他经常去公司骚扰，我才报警。接着他打我，我也会报警，第一次和第二次打我，我都没报警。那时候还想着没到这种地步，经过多次，我心里边就会很抵触，很心凉、很心寒，我真的没办法忍受了，没办法原谅……报警他就怕了，警察过来给他开了《告诫书》……办案的民警效率很高，他再打我的时候，后面我拿着这个告诫书去申请了《人身安全保护令》……”（3–阿妹）阿花是求助叔叔时，叔叔代为报警，“他晚上10点回来，回来就说要和我离婚，我们就吵起来了，他开始动手，打我的头……后来我给我叔叔打了电话，我叔叔和我婶婶在附近，马上开车来我家，把他拉开，他还打了我叔，我婶婶当时就报了警……这是第一次报警，警察上门才消停下来。报警是最好的，他在国企工作，闹大了他没面子”。（11–阿花）

第二，妇联/村委：受暴妇女传统求助的对象。9位受暴妇女求助妇

---

① 第十四条　学校、幼儿园、医疗机构、居民委员会、村民委员会、社会工作服务机构、救助管理机构、福利机构及其工作人员在工作中发现无民事行为能力人、限制民事行为能力人遭受或者疑似遭受家庭暴力的，应当及时向公安机关报案。公安机关应当对报案人的信息予以保密。

第十五条　公安机关接到家庭暴力报案后应当及时出警，制止家庭暴力，按照有关规定调查取证，协助受害人就医、鉴定伤情。无民事行为能力人、限制民事行为能力人因家庭暴力身体受到严重伤害、面临人身安全威胁或者处于无人照料等危险状态的，公安机关应当通知并协助民政部门将其安置到临时庇护场所、救助管理机构或者福利机构。

第十六条　家庭暴力情节较轻，依法不给予治安管理处罚的，由公安机关对加害人给予批评教育或者出具告诫书。告诫书应当包括加害人的身份信息、家庭暴力的事实陈述、禁止加害人实施家庭暴力等内容。

第十七条　公安机关应当将告诫书送交加害人、受害人，并通知居民委员会、村民委员会。居民委员会、村民委员会、公安派出所应当对收到告诫书的加害人、受害人进行查访，监督加害人不再实施家庭暴力。

联，5 位进入反家庭暴力防护中心，2 位求助村委会。妇联的基本职能是代表和维护妇女权益，促进男女平等（杨肖光，2008）。妇联在广大妇女群众心中具有非常重要的地位，是妇女的“娘家人”。

部分求助妇联的受暴妇女认为妇联为其提供了所需的信息、协助受暴妇女脱离困境。阿花希望了解如何保障自身离婚权益，会主动求助妇联，“我找过妇联，想咨询离婚权益的问题，妇联的律师很认真地听了我的情况，也有教我平时要注意保存被他打的证据，还有平时遇到家暴时如何保护自己，收集好证据。这些对我都挺有帮助的”。（11– 阿花）阿兰则是受暴受伤在住院期间报的警，并在院友的帮助下查询了妇联的联系方式，从而进入妇联系统，“因为他抢了我的手机，抢了我的银行卡，抢了我的袋子，我已经没有人身自由了，他还经常监控我，我就再也不想跟他过了，绝对不想跟他过了，所以说当他把我的手机抢去时，我就想报警了，警察那边他还说叫我到时候拿出院记录去他们那边立案，但是他说这是你家庭的琐事，他帮不了我，警察也帮不了也不出警，叫我找妇联。最后我才打了电话找了妇联，还是隔壁病床的帮我百度（网络）找到的电话号码”。（2– 阿兰）

由妇联主导成立的反家暴防护中心，作为妇联购买的反家暴专项服务，其知晓度不高，在 5 位进入反家暴防护中心的妇女中，1 位是主动求助的，1 位是同事告知求助信息的，3 位是通过警察转介的，进入反家暴防护中心的妇女常伴随着寻求安全庇护的需要。

阿诗是在反家暴防护中心到社区开展宣传时进入中心接受服务的，“她们在公园做宣传的时候，我看了宣传单，找到这地方认识的。最开始不是她（介绍访谈的社工）接手的，是一个姓郑的社工……后来了解到也有家暴这一个板块，社区分老年的、妇女的、小孩的几个系列（服务），因为大家讲到家暴系列，然后聊起我遭受的家暴，她就帮我备了案，她们觉得我可能有危险，说如果真的有危险，生命受到危险，让我报警，或者让我到这里协助，我从 2016 年开始接触这里。”（5– 阿诗）

阿琼是在求助娘家、亲戚都没办法制止暴力后，把受暴的经历告知了同样有坎坷婚姻的同事，同事刚好知晓反家暴的信息，她才进入反家暴防护中心，“我同事介绍我来找社工，她就住在这个庇护中心附近，她知道这个地方，在Y街一个小巷子里，不注意大家也不知道……”（15-阿琼）阿芬也是在严重暴力发生事件时报警，才接触到反家暴防护中心的，“我住院时打了110，他把我送到医院骂完就走了，我心里很难过，如果还不报警，下一次他打我，我死掉了都没人知道。警察又过来了解情况，我说了我的情况不知道该怎么办，警察就像走过场一样，他们说你找妇联去，就给了我电话，让我有事情和她们说。我真的没地方去，不知道找谁，警察让我找我就去找了，我才接触到她们（反家庭暴力防护中心）”。（17-阿芬）

第三，医院、律师、法院、司法系统、媒体节目都是受暴妇女可求助的资源。

在就医方面，有9位受暴妇女进入医院系统就医，其中，7位是因身体受伤严重进入医院系统，感受到自己身体状态极差，如阿晓，但在医疗系统，受暴妇女往往只陈述个人的身体状况，而极少向医生披露疾病的原因，“去看医生，医生问我的情况，我只能告诉医生自己的状态很差……”（16-阿晓）而产生心理问题的妇女基本不会到医院求助，或在求助时会将心理问题具体化，这些在大量本土研究中已显示，中国人倾向于主诉身体化症状。例如，神经衰弱症而非心理症状（朱艳丽、汪新建，2011；李强、高文浦，2007）或在极度严重的心理问题情况下求助医院时，才知晓个人已出现精神问题。例如阿霞因长期哭哭啼啼及有寻死意念后，就医才发现自身罹患抑郁症，“因为长期生活在这种吵吵闹闹的环境当中，很多时候就想死了算了，真的很多时候都是想死，曾经我在我女儿面前自杀过，我女儿也怪我，她说我在她面前自杀给她造成了心理阴影……因为老是整天哭，整天想自杀……好多年了，才去看医生，后面查出来有抑郁症，有两年还是重度抑郁症……”（7-阿霞）

有8位受暴妇女前往求助律师，在求助律师的途中，2-阿兰、5-阿诗、6-阿玉、8-阿燊、10-阿捷、14-阿穗为主动寻求法律信息，除了阿玉花费了3万元请律师协助处理离婚及财产分配问题，其他5位受暴妇女仅使用了律师简单的、免费的咨询服务，并无真正通过律师为其争取离婚及相关权益，如阿诗和阿花找律师主要咨询离婚权益，两人都希望查清丈夫的外债，阿花还希望能了解如何收集对方出轨证据，为自己在离婚财产上多争取，“后来我姑姑也帮我打听了律师，如果找到证据他有出轨，到时起诉离婚的话对我的权益也有所倾斜，那个女人也发过短信给我，让我离开这个家，她可以帮我养孩子之类的话，我把这些都保存下来了，我侄子说这些以后都可以当成证据。亲戚都鼓励我离开这段婚姻，但又有一个问题来了，他现在因为这个女人又在外面借了很多钱，如果现在说离婚，我怕要先清算他的外债。哎，烦心事情太多，就只能凑合着过日子吧”。（11–阿花）阿诗则在咨询律师时因诸多顾虑便打了退堂鼓，“以前我咨询过律师，我都想过请律师搞（离婚），但是律师一问到会不会让小孩知道，就说到时候啥都会知道的，我就有些顾虑，最主要是我不想影响小孩，最后就没有进一步去说怎么样”。（5–阿诗）

4–阿菲、11–阿花、17–阿芬则是通过其他途径接触到律师服务，阿菲为妇联转介驻村律师[①]，主要提供离婚起诉过程协助服务，“……我告诉我爸妈，我爸妈找了村支部书记，村支部书记说我嫁到外村了，不好插手外村的事，我就自己去找村书记，村书记让妇女主任帮我，她告诉我驻村律师电话。现在娘家（的村）律师已经在帮我起草诉讼书了。等诉讼书写出来了，我想还要不要问下驻村律师”。（4–阿菲）阿芬则是通过婚姻调解节目接触到律师的，主要提供家事协商调解的法律支持服务，“……我不同意（找长辈调解），找长辈他们都站在他那边，我找了媒体，现在不是有些调解节目，里面有律师、心理医生、法官还有评论员，让大家去说……”（17–阿芬）

5位受暴妇女进入法院系统，2–阿兰、3–阿妹、4–阿菲、6–阿玉、

① 全称“一村/社区一法律顾问”，由广东省司法厅开展的全省法律支援全覆盖服务，通过省、市共同拨款，聘用执业律师，每月为村/社区提供驻点服务，服务本地社区或村民。

8-阿燊都向法院申请过离婚，阿兰、阿妹、阿菲3人在妇联的协助下成功离婚，阿玉通过自费聘请律师顺利通过法院离婚，阿燊自诉两次申请离婚，但因阿燊对法律不熟悉“我还起诉过一次离婚，那时找了律师，但最后也没离成。那次起诉他没出庭，法官说再不出席就自动撤诉，我和律师商量过后自己去撤诉。后来我家人告诉我没出庭也可以判决离婚，我对法律了解得不清楚，但真到那一步自己又退缩了”。（8-阿燊）里面提及和律师商量后撤诉，追问之下阿燊糊里糊涂就撤诉了，而在实际的司法判决中并不会因被告不出席而撤诉[①]。

此外，3名受暴妇女在求助救助站时是正经历着严重的暴力的，受暴妇女在外逃时因没有带身份证件、金钱而无法入住旅馆，一般此类妇女有庇护需要。2位受暴妇女求助媒体节目则是依赖自身拥有的资源获得这类信息的。

（二）求助需求

选择向谁求助，除了受暴妇女本身拥有的求助资源外，也与受暴妇女对求助需求有关，即通过求助，受暴妇女期待解决何种问题。在受访对象中呈现出19种求助需求，包括情感支持/陪伴，制止当下暴力，保障个人人身安全，保障儿女身心安全/健康，家事调解（劝和，停止打骂），法律援助，庇护/寻求安全住房，施助者矫治教育/惩罚，伤情治疗/鉴定，分居，离婚，权益保障信息（财产、伤情证据），取得孩子抚养权、争取抚养费，精神/心理健康咨询/治疗，经济赔偿，经济援助，找工作，复婚调解，制止离婚后持续骚扰/暴力。这19种需求可归纳为精神支持（情感支持/陪伴）、信息（离婚权益、抚养权信息、财产分

① 根据《中华人民共和国民事诉讼法》第九十二条　受送达人下落不明，或者用本节规定的其他方式无法送达的，公告送达。自发出公告之日起，经过六十日，即视为送达。公告送达，应当在案卷中记明原因和经过。为此，起诉离婚被告一直找不到被告不用被撤诉和主动撤诉，可以公告送达，强制执行。离婚诉讼的当事人下落不明时，法院会将诉讼文书告知当事人。主要方法是张贴公告和在报纸上刊登，也可用其他方法。公告中会说明诉讼的时间和不应答的法律后果。经过六十天后，等同于送达成功，当事人仍不到庭等于败诉。

配）、经济问题（经济援助、找工作、经济赔偿）、问题解决［制止当下暴力、保障个人人身安全、家事调解（劝和，停止打骂）、法律援助、庇护 / 寻求安全住房、施助者矫正教育 / 惩罚、伤情治疗 / 鉴定、精神 / 心理健康咨询 / 医疗、离婚、分居］。

1. 求助需求类型

第一，精神支持。精神支持主要包含情感支持 / 陪伴的需要。这一需要几乎贯穿在受暴妇女每次的家暴事件中，情感支持需求在初期比较明显，陪伴的需要大多发生在比较严重的暴力之后，陪伴包含情绪支持，也涵盖确保受暴妇女人身安全的陪护需求。如遭受暴力后寻求娘家支持的阿晓、阿菲、阿诗、阿芸等受暴妇女，都是获得情感支持以消除其不良情绪，在人身安全受到威胁时，亲友、邻居提供人身安全庇护的阿燊、阿庄等受暴妇女。

第二，信息。信息服务主要包括受暴妇女对离婚相关权益保障如财产分配、抚养权等，也有受暴妇女涉及就医信息、社会服务机构信息的需要。在访谈中发现受暴妇女会较为积极地通过正式支持系统和非正式支持系统寻找涉及离婚权益相关保障方面的信息，如阿花是通过姑姑获得离婚权益保障的法律意见。但较少主动获取庇护所、反家暴防护中心相关的社会服务信息，而是由正式支持系统和非正式支持系统提供，如上述的阿琼，庇护中心的信息由同事提供。

第三，经济。家庭经济纠纷是家庭暴力的一个重要因素（陈锋、杨振强，2016），经济困境会制约受暴妇女离开施暴者，在访谈过程中，不少受暴妇女提及经济因素没法离开施暴者，在家庭暴力后期，受暴妇女想脱离暴力，经济援助需要即找工作需要较为突出。例如阿捷的丈夫掌管家中财务，每次出现家庭争吵，丈夫都让阿捷和孩子饿肚子，“有时吵架的时候，晚上不给我睡床上，不给我吃饭，有一个星期，不给我一分钱，我和我儿子喝白粥都喝了一个星期……后来为了逃离这个魔爪，我跑出来工作了，总不能饿死，长期这样你在家里连头都抬不起来……”

（10- 阿捷）在言语中还感受到阿捷对离开儿子的无奈和愧疚。阿菲在研究者 3 个月后回访时已经离婚，带着孩子回到娘家住，但是摆在她面前的是养育孩子的经济困境，“很愁，孩子小没人帮忙带，我现在没办法出去工作，法院判每个月他给 500 元的抚养费，他给不给还是个问题，奶粉钱都不够……”（4- 阿菲）同样有经济援助需要的阿庄表示“我们想申请一些救助，能不能把我们纳入低保，现在国家不是搞精准扶贫，我也想政府能帮我们，还有大女儿读书有没有助学金，这些都是我想要申请的。但我家一直不符合条件，因为家里两口子健全，而且还有房子，有摩托车，不符合当地的申请条件”。（18- 阿庄）

第四，问题解决。受暴妇女问题解决需求涵盖较广，包括制止当下暴力、保障个人人身安全、家事调解（劝和，停止打骂）、法律援助、庇护 / 寻求安全住房、施助者矫治教育 / 惩罚、伤情治疗 / 鉴定、精神 / 心理健康咨询 / 医疗、分居、离婚。因每位受访对象的受暴年限、受暴类型以及采取行动的时间有所不同，在同一时间段也有多个不同的需求存在。

2. 时间维度对求助需求及求助对象选择的影响

每位受暴妇女停留暴力圈的时间不同，难以用绝对的时间切割方式划分，如没有进入正式系统求助的 20- 阿程，在暴力圈中一直主诉需求为情感支持、制止当下暴力及家事调解，在忍受暴力长达 16 年后，阿程选择带着孩子离开丈夫，但一直没有离婚，阿程一个人需要养育 4 个孩子，后期经济援助成为阿程在养育孩子中的强烈需求。再看看在暴力圈停留时间一年半的阿妹，开始主诉的需求为情感支持和制止暴力，但随后半年遭到 4 次暴力，阿妹保障个人人身安全需求强烈，阿妹快速通过寻找警察向法院申诉离婚，可见每位受暴妇女停留暴力圈的时间不同，需求不同。

以下从时间维度分析不同阶段受暴妇女的需求，为了分析的需要，在无法精准细分时，表 4-5 为采用的暴力阶段大概划分方式，初期为开始对外求助，中期以受暴妇女自诉暴力日渐严重为划分方式，但受暴妇女还没做好准备离开暴力圈或结束婚姻，后期以受暴妇女尝试积极脱离暴力，通过离婚、分居并与之相关的权益保障信息、找工作等作为划分方式。以下我们考究了不同暴力阶段，受暴妇女求助对象的选择。

经过初步划分，情感支持 / 陪伴、制止当下暴力、家事调解（劝和，停止打骂）这几个需求贯穿受暴妇女求助历程。暴力中期需求常伴随保障个人人身安全、保障儿女身心安全 / 健康、庇护 / 寻求安全住房、伤情治疗 / 鉴定。权益保障信息（财产、伤情证据）需求既存在于个别受暴妇女暴力中期，亦可能存在于后期，如阿燊、阿捷、阿花等受暴妇女虽觉察到暴力的严重性，产生离开的念头，但还没做好真正离开的心理准备，这些需求归为暴力中期，阿玉通过聘请律师协助处理离婚事宜，可归为暴力后期需求。暴力后期需求包括分居，离婚，取得孩子抚养权、争取抚养费，精神 / 心理健康咨询 / 治疗，经济赔偿，经济援助，找工作，复婚调解及制止离婚后持续骚扰 / 暴力，具体可见表 4–5。

表 4–5　受暴妇女求助需求的时间维度

序号	求助需求	受暴妇女选择（序号代表相应的受访对象）																				频次
		1	2	3	4	5	6	7	8	9	10	11	12	13	14	15	16	17	18	19	20	
1	情感支持 / 陪伴	√	√	√	√	√	√	√	√	√	√	√	√	√	√	√	√	√	√	√	√	20
2	制止当下暴力	√	√	√	√	√	√	√	√	√	√	√	√	√	√	√	√	√	√	√	√	20
3	保障个人人身安全	√	中	中	中	中	中	中	中	中	中	中	中	中	中	中	中	中	中			18
4	保障儿女身心安全 / 健康		中				中			中			中	中		中						6
5	家事调解（劝和，停止打骂）	中	√	√		√	中	√	√	√	√	√	√	√	√	√	√	√	中	√	√	19
6	法律援助			中							中							中				3
7	庇护 / 寻求安全住房			中		中	中	中	中	中	中		中			中	中	中	中			13
8	施助者矫治教育 / 惩罚			中						后		后										3
9	伤情治疗 / 鉴定	中	中		中		中	中	中	中	中		中			中		中				11
10	分居											后									后	2

续表

序号	求助需求	受暴妇女选择（序号代表相应的受访对象）																				频次
		1	2	3	4	5	6	7	8	9	10	11	12	13	14	15	16	17	18	19	20	
11	离婚		后	后	后	后	后		后		后		后	后	后	后		后				12
12	权益保障信息（财产、伤情证据）		后		中		后		中		中	中	后		后	后		中		后		11
13	取得孩子抚养权、争取抚养费		后		后		后								后	后						5
14	精神 / 心理健康咨询 / 治疗						后	中 后														2
15	经济赔偿				中												后					2
16	经济援助				后			后		后	后	中					后	后	后		后	9
17	找工作				后			后				后					后	后	后	后		7
18	复婚调解												后	后								2
19	制止离婚后持续骚扰 / 暴力						后															1

注：√指这个需求贯穿整个求助过程。

求助初期，大多数受访妇女主诉的需求为获得情感安慰以及家事调解，以通过劝和、制止暴力、劝告男方珍惜家庭为主，此时，求助非正式支持系统是大多数受暴妇女的选择。

求助中期，暴力不断升级，保障人身安全、医疗及庇护等需求凸显，受暴妇女从求助非正式支持系统转向求助正式支持系统。随着时间的推移，暴力不断升级，受暴妇女对暴力的恐惧感增加，多数表现出不同程度的身心健康问题，包括心悸、失眠，身体变差，甚至心理疾病。“太害怕了，我睡觉都睡不安稳，自己心跳经常很快，不敢睡得太死，怕睡着了他杀了我，我听到一些声音都觉得是他要打我、要杀我。真的很害怕，身体越来越差。”（17– 阿芬）“我的身体毛病很多，下雨天头就开始痛，很多工作、家务做不了。心理方面就是不愿意再和他住在一起，觉得他很恐怖，有心理阴影了。”（18– 阿庄）此时，保障人身安全、医疗及庇护等需求凸显，暴力持续时间越长，非正式支持系统制止暴力的功能越弱，受暴妇女可用的非正式资源呈现递减效应。如阿妹的丈夫会去她的工作场所骚扰，同事虽帮忙阻拦，阿妹也感受到老板对这种现象的不满，“就是因为这样子吵吵吵……他又到公司骚扰我，老板因为我的事情已经好烦了，整个公司都觉得很疲劳、好累……之前他去公司找我，同事一听到他摩托车的声音就叫我躲起来，老板也骂过他。躲了几次他就在外面吵闹，说大家把我藏起来了，我做这一行（按摩技师），客人都是来消费放松的，这么一吵闹，老板也不开心，影响生意。后来老板说：‘你搞定你的事情，再回来上班，因为你没搞定，你现在和他还是夫妻关系，你回来工作的话，害怕他过来骚扰，搞得整个公司的人都不开心。’接着我就说：‘那我避开一下。’大家都会很烦恼这件事情，帮得了一次帮不了第二次、第三次，大家都会累的”。（3- 阿妹）阿捷、阿蓓、阿芬也有同样的处境和感受，“他嫂子会说一下他，但是，谁说他他就骂谁，渐渐地，别人也就不说他了。别人也帮不了那么多次，帮了一次、两次后来（打）多了别人都关起门来不管你了，别人也不那么想管了。别人听到我和他吵架、打架都把门关起来。你半夜三更打架，别人不骂你但吵别人休息也不好”。（10- 阿捷）“住过，但现在亲戚家我也不敢去，来来去去都是这几个亲戚，我老公都知道她们的地址，去亲戚家我老公去找我，又会在亲戚家里闹，大家都会害怕。我也不敢麻烦她们了。”（17- 阿芬）为了逃避暴力，受访对象中有通过离家出走、寻找庇护中心避免暴力，保障人身安全的，此外，身体受伤，医疗救助需求非常突出，受暴妇女此刻开始萌生离婚想法，或部分妇女开始寻求法律信息，或做伤情鉴定，此时，从求助非正式支持系统转向求助正式支持系统。例如阿晓起初通过离家出走的方式逃避暴力，“……我就说打他也打不赢，吵也吵不赢，我只有走，如果他这样对我的话，我只有走，所以上年被他打完后我就决定离家出走”。（16- 阿晓）阿妹伤势严重时前往医院检查，“去过医院验伤，外科、照 CT，外面的伤验不到什么，然后医生就写诊断书。那个法医鉴定好像在派出所已经做了”。（3- 阿妹）阿玉带着孩子逃离暴力时，通过派出所警察转介到了反家暴防护中心，获得临时的庇护所，“来了反家暴防护中心，因为当时他们看到我这样，连钱也没有，什么都没有，我连开房睡觉都没地方，他们就给我找了一个庇护所，然后我就带着我女儿在庇护所里面住了几天”。（6- 阿玉）受暴妇女虽积极寻求帮助，但是此阶段对于离开暴力的决心不够坚定，以及对孩子的心理健康和在暴力家庭中行为习惯的变化的担忧，会增加受暴妇女的考量，求助需求也会跟着变化，从关注暴力会转入关注孩子成长。例如阿庄，放不下孩子是忍受暴力的原因，“我觉得孩子的性格会受到影响，万一以后学着他爸变得暴力，还有就是现在家里三个小孩都很害怕他爸，他们在家时不怎么敢说话，怕做错事情。现在孩子太小了，我走了就没人照顾他们了，等我孩子大一点，我就出去打工，就不用在家里这么累了”。（18- 阿庄）可见，女性在内化个人作为家庭照顾者角色时，亦难以割舍孩子。

暴力后期，受暴妇女难以忍受于暴力圈中，以离婚及权益保障需求为主，正式支持系统成效会影响受暴妇女后续选择何种资源，若效果不好，受暴妇女会交叠地使用正式及非正式资源。为了脱离暴力圈，受暴妇女主诉需求多为离婚及相关的权益保障问题，如寻求离婚、取得孩子抚养权，离婚后财产保障、经济赔偿、精神健康治疗的需要，社会经济地位较弱的受暴妇女有经济援助、找工作的需要。警察、妇联、反家暴防护中心、医生、律师、村委 / 社区、媒体节目等都是受暴妇女这一阶段可选择的求助对象。如阿琼希望通过反家暴防护中心可以顺利和丈夫离婚，摆脱暴力圈，“无路可去了，有人告诉我可以找谁（反家暴防护中心），自己有种抓住最后救命稻草的感觉。因为最后打我那一次，我如果还不离开他，真的会被打死，就真的很希望有人可以帮我一把，帮我安全地和他离婚。他常挂在嘴边，我要和他离婚的话，等我们睡着的时候就把孩子和我一起杀死。真的很危险”。（15- 阿琼）

此时，要视正式支持系统能否提供足够的支持，就如进入反家暴防护中心的 5- 阿诗、6- 阿玉、7- 阿霞、17- 阿芬，她们进入反家暴防护中心后，若能获得全方位的服务，后续并不再求助其他系统。若支持不足，受暴妇女还要依赖个人的非正式支持系统。例如，寻求离婚、医疗需要，寻找法律、法院、医院等正式系统，但找工作的需要，往往通过受暴妇女的朋友介绍，经济援助也大多由亲友提供帮忙。这个阶段，受暴妇女情感支持的需要较弱，问题解决的动机较强。阿菲是通过法院起诉顺利离婚，也获得孩子的抚养权，回到娘家安顿了下来，接下来面临的就是经济问题，娘家人及姐妹在经济上出手援助，帮她暂渡难关，研究者回访时，阿菲告知："姐妹带我开网店，每卖出一件可以有提成……"这种灵活性的工作很适合阿菲，可以同时兼顾孩子。阿芬则是需要依赖亲友的协助，阿芬被打伤势严重，进入医院，但她出院时还是考虑回家，因为经济受限，还要考虑伤势严重需要周围亲友的照顾，"你去别的地方住也没这个能力，旅馆好几十一晚，能住多久，回来他还可以照顾一下，隔天邻舍、家人也可以过来看一下"。(17- 阿芬)

最后，离婚并非意味着求助的结束。离婚并不意味着终止暴力，在访谈中发现，7 位受暴妇女通过离婚、3 位通过分居的方式脱离暴力圈，但仍有受访妇女离婚后遭受持续的骚扰，如阿玉，离婚后丈夫持续对她进行骚扰，"大女儿跟我，小女儿跟他，我很后悔没有争取要了小女儿，他根本对孩子没有照顾，我小女儿经常打电话跟我说没吃饭肚子饿……孩子方面还有联系是真的，他会经常叫我出来吃饭，我不出来他又要生气，就是这样，搞得我好累，我手机在通电话的话，那他说你又跟谁联系了，(离婚了)到现在还这样，但好很多了，不怎么打我了，但是到现在为止还是叫我跟他发生关系……外人不能知道我们离婚了，他警告我不能告诉别人"。(6- 阿玉)

受暴妇女通过离婚成功脱离暴力圈，展开新的人生征程，但是亦有两位稍微年长的妇女阿欣和阿蓓，在脱离暴力圈后却寻求妇联，提出复婚需求，和选择分居十几年也不愿意离婚的受暴妇女阿程一样，她们共同提到"为了孩子"愿意复婚 / 保全婚姻，也有考量年老后照顾问题而寻求妇联的帮助。例如阿欣离婚后半年求助妇联，"开始离婚后他提过两次复婚，但是我没同意，但是为了孩子，我还是愿意和他复婚的……"(13- 阿欣)"他前段时间向我提出复婚，说以后会改，我离婚这 5 年也没有再找人，加上年纪大了，以后也是需要有人照顾的，所以我在考虑要不要和他复婚……女儿要嫁人，她总会有自己的生活，年纪大了自然考虑得比较多，如果我和他复婚，我女儿找老公时也不会让对方看不起”。（12- 阿蓓）阿欣和阿蓓有复婚需求，寻求妇联的协助，此时，她们认为妇联是最可靠的正式组织，并具有权威，在妇联的调解及见证下，对对方暴力行为有震慑力。Lazarus 和 Folkman（1984）曾指出，个人的应对方式会影响选择何种解决方式，应对方式一般包含聚焦于以解决问题为中心以及以疏解情绪为中心两种方式。以解决问题为中心的应对方式的个人积极寻求解决问题的方案，那些以纾解情绪为中心的应对方式的个人主要寻求调节其内部不适的方案。因此，以解决问题为中心的应对方式的女性更有可能通过选择正式支持系统的合法干预、逃离家庭，或求助家庭来处理自己的问题；以纾解情绪为中心的应对方式的女性可以寻求如朋友、宗教领袖、治疗师等社会支持以获得调节其痛苦的帮助（Goodman et al.，2003）。

从时间层面来看需求，受暴妇女求助需求随着时间在动态变化，每个阶段需求不同，寻求帮助的对象选择也不同。受暴妇女的需求从纾解情感逐渐转移到解决问题，这些往往伴随暴力的严重化或暴力对个人造成身心无法忍受的影响。从时间的维度来看求助资源，受暴妇女往往都是先使用非正式支持系统，随着非正式支持资源的耗尽，再使用正式支持系统。

从文化的角度来看，父权制、集体主义及面子文化因素亦会影响受暴妇女求助对象的选择，学者认为这与集体主义文化下对家庭荣誉问题（Ho，1990；Patel，1992）和 / 或家庭团结的重要性（Triandis et al.，1982）有关，使得华人认为暴力只能在内部解决，为此可以看到，本书从时间的维度来看求助资源的顺序时，仅在当非正式支持系统失效时，才会选择正式支持系统的帮助。这与王笃强（2009）的研究发现一致，我们的服务使用者常常是在非正式体系“弹尽粮绝”后才出手向外求助（见图 4–1）。

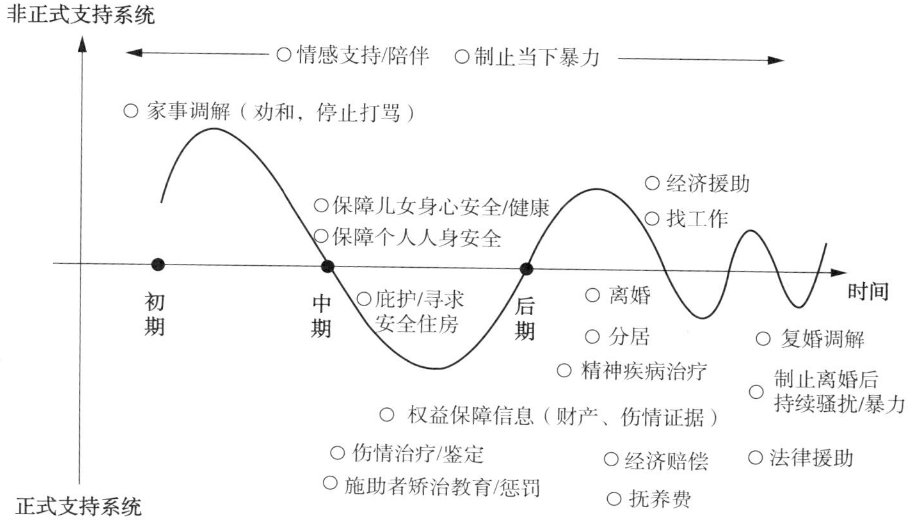

图 4-1 受暴妇女随着时间对非正式、正式支持系统的使用变化

（三）求助对象选择影响因素

1. 个人信息脉络

第一，年龄：自我感知年龄大的受暴妇女，较为依赖传统的救助途径，非正式支持系统以求助家人为主，正式支持系统则以寻求妇联、村委干部为主。她们对暴力的忍耐度高，离开受暴圈的考量很多，包括工作困境、子女教养，离婚不是她们最终的选择，或者需要经历漫长的暴力生活才能做出这一决定。自我感知年龄越大的受暴妇女容忍度越高，这些与 Barrett 和 Pierre（2011）的研究结论一致，并且年龄越大受暴妇女越偏向求助于非正式支持系统（Sylaska and Edwards，2014），因为老年受暴妇女离开暴力圈的因素更复杂，Newman（2008）针对老年妇女受虐群体建构的求助障碍描述性模式表示，在个人内在因素中，对未来感到绝望、自责以及牺牲个人权利保护家庭，是老年受暴妇女不愿求助的重要因素。

年轻的受暴妇女对暴力的忍耐度低，如阿菲 30 岁不到，受暴后即寻求帮助。相较之下，年龄大的阿蓓、阿诗，暴力的容忍度较高，“打了20年……以前每次他打我时我都很想离婚，但我都自己忍耐……”（12-阿蓓）阿芸认为自己年纪大了，缺乏技能，工作困境导致其难以离开丈夫，“我离开能做什么呢？不会讲普通话，这么大年纪了，人家（工作的地方）也不要了”。（9-阿芸）在需求方面，年龄大的受暴妇女以家事调解为主，在求助诉求上以情感支持、制止暴力、劝和为主。年龄较小的提出离婚以脱离暴力的诉求居多。如阿梅，46岁，自认为年龄很大了，离婚不是她寻求妇联帮助的目的，“我现在都多少岁，还离婚，他做就做，不做我请司机。房贷也还完了（贷款），剩下每个月6000元供挖机，孩子也毕业了，压力也小一点了。我现在就是想找妇联，找人给他上上课，或者说教训一下他，他不懂珍惜（我）”。（1-阿梅）阿玫和阿菲主诉都是离婚，阿菲希望趁着年轻可以改嫁，阿玫认为孩子在男方家里能有好的照顾，也希望离婚结束这段婚姻，“我们的关系僵化，现在就像陌生人；之前觉得很愤怒、很伤心，现在觉得无所谓了；我孩子现在大了，3岁了，我想要今年搬出去住，先出去住一段时间，不用在家看着对方脸色，彼此都难受，后面可以的话，就离婚吧。他婶子这人挺好的，她可以照顾我儿子，过继给他们，如果他们愿意的话，我也就不担心我儿子的成长了，他婶子人不错，平时我上班也都是她帮忙带孩子，孩子和他们也亲，先搬出去住再离婚”。（19-阿玫）

第二，社会经济地位：社会经济地位弱势的女性获取资源信息途径较为缺乏，经济较好的受暴妇女获取资源的途径更多元。社会经济地位较好的受暴妇女可获取的正式资源途径比较多，包括可自费咨询心理医生、律师，寻找媒体节目进行调解。例如阿玉花了3万元请律师。阿晓经济条件较好，她通过电视看到一些家事调解节目，启发了她可以寻求调解节目的协助。但经济较为弱势的阿庄，自认为家务事政府不会插手干预而从未进入正式支持系统，“这些事情政府不管的，这些都是家务事，村委和妇联那边怎么会管？我完全不知道这些地方的人可以制止家暴事情的发生”。（18-阿庄）求助信息匮乏与受暴妇女本身的资源获取能力有关，教育文化较低以及经济受限的像18–阿庄、20–阿程、17–阿芬表达了“不知道要找哪些部门帮忙”，在网络信息获取上处于劣势，这些限制她们获取相关的信息，政府部门对她们而言是遥不可及的。

需要考虑的一点的是，经济地位较好、工作较为稳定的女性，在遭受暴力时，有其求助的顾虑，在求助非正式支持网络上，社会经济地位较好的受暴妇女有其面子上的担忧，担忧外界知晓家暴的事情影响其职场及其社会声誉，或影响其工作形象，如在保险公司的阿琼表示：“开始一直觉得不要告诉别人，而且我在公司已经是中层了，下面都是自己管理的业务员，说给同事听，别人万一把你的家事在公司传播的话，我在公司也待不下去……”（15–阿琼）阿玉也有同样的担忧，她和好友是公司的合作伙伴，她表示：“我觉得这种负面情绪的话不太好，人家也不愿意听太多这些东西，是吧？跟闺蜜在一起做生意、聊天，然后都是说一些上进的、正能量的话题。”（6–阿玉）可见，社会经济地位与受暴妇女获取求助信息呈正相关，其偏好求助正式支持系统以保护其在非正式支持系统中的脸面，避免家庭声誉及社会声誉受损，这与Tenkorang等（2016）的发现相同。

第三，“外地人”身份：移民身份常被认为带给他们难以接近的社会支持系统和社会隔离，抑制求助行为因素（Kim and Lee，2011），但研究发现四位外省受暴妇女可通过仅有的家人、同事以及在居住地发展出来的朋友、邻居情谊获得不同的信息，在非正式支持系统无法支持时进入正式支持系统求助。在求助诉求上，主要为家事调解、离婚等，移民身份并非主要的影响因素。例如，阿穗作为驾校教练，其顾客群体组成多元，可以通过顾客群体获得她需要的信息和帮助。她表示“有困难还是找朋友帮忙，我不主动告诉别人家里的事情，我接触最多的就是我的学车学员，有大学生、律师、做保险的、老师、做老板的，什么样的都有。练车的时候会聊几句，也都知道他们的职业，自己不知道怎么办的时候，可以问学员，有些学员比较热心”。（14–阿穗）阿玉则是外嫁到这里，被家暴严重时，主要通过报警求助。

2. 资源的可用性

从生态系统观点而言，受暴者所在的栖息地和人际支持网络是重要的影响因素（郑丽珍，2012）。受暴者原有的人际资源网络是影响受暴者如何选择非正式资源的重要影响因素（Hardesty et al.，2011）。受暴妇女会忽视个人当下的求助需求，以及个人非正式支持网络的紧密程度、正向程度以及可及性去求助。在非正式支持系统方面，受暴妇女会根据个人与娘家 / 婆家、亲友的关系优先选择求助对象，但遇到紧急暴力事件时，则能最快速求助协助制止暴力的支持系统，如邻居、兄弟姐妹等。

而环境中的可用资源则是正式支持系统资源的支持力度。有些地级市仅有 1 个区级反家暴防护中心挂靠在区妇联维权部，服务覆盖面有限，中心通过街道层面联动，通过培训基层民警、社区 / 村委工作人员，协同参与反家暴的专业工作人员了解反家暴联动的工作性质及服务内容，并形成所在街道层面的转介机制。为此，如 5– 阿诗、6– 阿玉、7– 阿霞、15– 阿琼、17– 阿芬，她们五人均不知晓反家暴防护中心这一资源，但是却通过该区各个职能部门的转介机制，进入反家暴防护中心，获得了更好的服务。例如，阿玉和阿芬都是经过警察的转介进入反家暴防护中心的，虽然阿玉表示警察在受理她的报警事件时表现出不作为及对外地人的歧视，但是因为地区的转介机制，她顺利进入反家暴防护中心。“其实我也报警无数次，包括他直接用刀来杀我，手机被抢了，我只能跑出去，那时候还好跑得快，电梯刚好停在我家门口那一层，刚好他冲出来的时候电梯门关了，他就跑楼梯没追上我，我去报警的时候，警察看到这种情况，还是不当回事，他说我们本地人一般不会打人的，就用这种话来搪塞我，我觉得报警也很无助，后面我就不走了，我在那里哭我就不走，然后他们说，那就叫家暴防护中心的人过来吧。那天，经与派出所人员协商后他们派人跟我一起回去的，我都不敢回家”。（6– 阿玉）

社会环境发展程度较好的地区，受暴妇女获得资源支持的机会较多。反观，在访谈县镇及农村的受暴妇女时发现，县镇或农村地区的资源远不如城镇，受暴妇女大多只能依赖传统的社会福利救助单位，如村委、妇联、民政系统的救助，甚至没有资源可用。资源的有用性早已正式影响受暴妇女的求助行为（Fleming and Resick，2017），环境中缺乏相关资源，或受暴妇女缺乏相关服务的信息或与现有服务隔绝（Hyman et al.，2009a；Parvin et al.，2016），以及缺乏社区资源获取的途径（Goodson and Hayes，2021），都会影响受暴妇女求助的选择。

3. 人情回报考量

此时，受暴妇女会根据个人的人际关系网络中的亲密程度选择求助对象。在受访对象中，婆家和娘家亲人是受暴妇女求助的第一选择，求助者此时比较没有心理压力。其次会选择地缘比较近的邻居或临近的熟人、亲戚、朋友帮忙。

第一，求助家人，特别是关系正向且密切的家人。在访谈中发现受暴妇女和娘家、婆家存在三种关系，分别是关系正向密切、负向密切以及疏离。疏离包括和娘家、婆家关系并不亲近，或因为娘家距离较远求助不便带来的关系疏离。和娘家、婆家关系正向且紧密的受暴妇女会多次寻求他们的帮助，和娘家、婆家关系负向或关系疏离的受暴妇女，若初次求助效果不佳，后续会较少求助他们，转而求助身边较近的、容易获得帮助的资源，如亲戚、邻居、朋友等。

和娘家或婆家关系正向且紧密的受暴妇女，在暴力发生时会倾向主动寻求他们的帮助，如阿程虽然在农村备受妯娌白眼，和婆家关系也不好，但依靠做医生的爸爸搬到城市居住，当暴力发生后，阿程获得了家人的支持，制止了暴力，“我爸爸知道他动手后，带着我侄子和我弟弟来我家，他们都有一米八的个头，当时警告他不能打我，那时候他就收敛一点，他不怎么敢动手打我了”。（20- 阿程）若受暴妇女和娘家、婆家关系疏离，受暴妇女求助的可能性比较低，如 2- 阿兰、20- 阿程、15- 阿琼她们在受访时都表示没有向婆家求助。但若和婆家关系紧密但负向支持，受暴妇女在暴力中不但不能获得支持，甚至婆家会成为暴力中的帮凶。例如阿妹，婆家本来对其嫁进来甚为不满，因为阿妹做的是按摩技术工，又是二婚，头婚离婚后还抚养着1个女儿，家婆一直认为阿妹配不上他儿子，阿妹的表述是家婆一直不待见她，“她说我结过婚、离过婚，嫁到她家是害了她儿子。她对我意见好大，她经常说是我害了她儿子。我老公去吸白粉也说是我害的，她怎么不说她儿子害了我。所以他吸白粉被抓之后我就都没有回去住，她这样认为，我也没必要回去看她脸色，发生这些事情，我也没找她”。阿妹和丈夫协商离婚不成，又考虑父母年纪大了，丈夫也不曾听自己父母的劝说，她找了认为较为权威的叔叔来协助调解离婚，但是叔叔并没有同意，甚至反过来数落她，“我叔说‘你的事我怎么说你都不听，错了一次又一次’。因为我以前离过婚，‘你现在又想离’，他始终都不希望我再离婚。他觉得我再离一次婚，名声就彻底臭了。他心里就是这么想的。不过我爸妈、姐都认为这个婚一定要离，不然我迟早有一天会被他折磨死”。（3- 阿妹）这些非正式支持系统没办法为阿妹提供有效的协助，阿妹转向正式支持系统，通过警察、法院，最终起诉后成功离婚。

第二，受暴妇女继而会求助亲戚、邻居，或朋友、同事，此时会考量个人的人情回报能力。除了亲人之外，受访对象中在向他人求助时，都有人情上的心理负担。就如Hwang（1987）将华人的人际关系分为三类，他认为人际关系包含情感关系、混合性关系以及工具性关系，与此对应的分别是家人关系、熟人关系以及生人关系。人们会依据人际关系中的差序格局的顺序以及回报判断选择求助对象。求助一般从家人开始，一般来说，情感关系讲求需求法则，如受访对象中，家人是首选的求助对象，此时，求助者比较没有心理压力，也可避免人情与面子负担，继而到熟人关系，混合性关系讲求人情法则，受暴妇女求助熟人关系后，不可避免地有人情负担，如担心“被人看不起”“担心连累他人”“担心打扰他人”。

如年过六旬的阿程，年轻时丈夫当甩手掌柜，她独自一人抚养4个孩子，在农村因妯娌关系复杂，认为“村里的姑嫂一直都看不起我，这些事情都吞到肚子里”，阿程求助于神灵较多，搬到城市居住后，也有过找他人帮助的心理负担，“来这里带着几个孩子，不让周围的人看不起就不错了。那时候住在院子里的邻居，大家都穷，有一户还是死了老公的，人家也不愿意插手我的家事。有一个邻居嫲嫲对我算很不错，平时也愿意帮我看下孩子。还有个邻居觉得我人很好，也常开解我，但是她1993年就移民去香港了。大家都有自己的困难，邻居嫲嫲对我好，但是她的孙子在十七八岁时走了（死亡），她的苦谁又懂，大家都是顾自己的。其他那些都是人家自己的房子，我是租房的，怕别人看不起，不要说找别人倾诉了，有困难、有眼泪都吞到肚子里”。（20– 阿程）阿诗跳广场舞很厉害，每晚在公园当带队老师，认识很多关系不错的朋友，但是都没找过他人帮忙，“因为，我在广场那里教那些人健身，认识很多朋友，她们都劝我说如果没有地方住，来我家住这样的话，但是因为我的前夫很偏激，怕打扰人家，我也不想麻烦人家，就没去，就在家里忍着”。（5– 阿诗）

若真的需要求助时，受暴妇女常会考虑是否能回报他人，以减少个人人情负担。如阿霞，受暴达20年，在社区里自营一家小型理发店做街坊生意，和周围街坊的关系较好，但家暴的事件却从不主动告知他人，直到有一天被家暴后到店，忍不住流泪，街坊觉察并主动关怀，她才告知这位一直关心她的街坊，基于这种街坊邻里关系，阿霞在获得情感慰藉的同时，其行动上也会积极地向街坊表达个人的人情回报，她表示：“有什么好吃的她也会往我这里送一些，也关心我，教我平时怎样保存好自己的财产，她对我真的挺好，她要什么时候过来店里洗头发或剪头发我都优先安排她，平时也帮她收一些快递，人家对你好，关心你，自己在这里也没多少朋友，能帮别人做点事，也是应该的。”（7– 阿霞）同在农村生活的阿庄在获得亲戚的协助后，也会尽自己所能帮助施助者，表示：“平时我跟这些亲戚走动很多，那个帮助我的亲戚会经常请我帮忙给奶奶煮饭（家里的人轮流一个月给奶奶煮饭照顾奶奶），去隔壁镇买东西时也会去她家做客，自己种了什么蔬菜都会带过去。”（18– 阿庄）阿程也认为很难还人情，个人会尽可能帮助邻居，也会表现出他人欣赏的品质，“肯定担心呀，我们这样的家境也没办法还人家人情。打架时，邻居凭道义帮你一次，但是不可能次次都帮你，平时对邻居，人家如果有什么要帮忙的，我也去。我的为人到哪里人家都喜欢，我话不多，不会说别人的坏话，别人八卦告诉我的话，我不会传来传去，话多的人让人很厌烦的”。（20－阿程）华人文化的“关系自我”使得大众较具社会取向的性格，爱面子非常凸显的文化特质（金耀基，1993；陈之昭，2006；King and Myers，1977）。为此，可见受暴妇女在获得他人的帮助后，在日常生活的互动中，常常是以增进或维护自己的形象为主要考量，或表现对他人的善，或想方法不拖欠他人的情，以减少面子的损耗，增加人情的反馈。

对人情的考量不仅是个人的，受暴妇女还会站在夫家角度考虑，如阿庄受伤后到亲戚家疗伤，仍不愿意离开暴力圈，按照阿庄的说法，她在维护丈夫和亲戚的关系，“就是我走了，我丈夫家里人会说，我在那个亲戚家住了这么久，我还是走了，肯定是这家人撺掇的，所以我还是留下来，不然以后，亲戚那家人跟丈夫家里人就做不了亲戚了，我声誉没了倒是没有什么关系，就是怕连累别人”。“在他打我以后我想过离开，一走了之，可是我的孩子还在家里，我在别人家养伤已经给别人造成困扰，要是还走掉，人家怎么看待帮助我的那家人？”（18－阿庄）

可见，女性内化的父权制下的集体荣誉感，其面子的维护不仅是个人，还代表家人，甚至是对其施加暴力的夫家，个人的行为与家庭的行为是不可分割的，不仅对他或她自己，而且对整个家庭都有后果。人际互动中，保存面子非常重要，因为它可以保护个人以及整个家庭免受羞辱（Midlarsky et al.，2006；Yick and Agbayani-Siewert，2000；Yu，2005）。

受暴妇女除了考量个人人际关系网络的亲密程度外，还会考虑关系中的施助对象的能力。如若暴力加重，制止暴力及保障个人人身安全需求凸显，受暴妇女会考虑寻找的对象是否具有制止暴力的能力或对施暴者具有震慑作用，如阿燊，每次家暴都是求助于住在附近的大伯，“他的工作都是大伯安排的，他比较听大伯的话……那天晚上他打我，我赶紧打电话给大伯，大伯一听电话就跑过来了，他们两兄弟吵起来，后来是大伯送我去的医院”。（8- 阿燊）当家人、亲戚无法提供有效协助时，暴力持续地严重化，妇女会转向寻求正式资源。例如自营刻章店面的阿芸表示：“邻居帮我了很多，一有这样的事情，他们会出来制止。我也尝试过和对方的父母兄弟求助与沟通，希望他们能帮我，但是效果不好，消停一段时间我又被打。在万般无奈下，还是法律最有效。”（9- 阿芸）最后生人关系，求助正式支持系统的受暴妇女与系统即为工具性关系，讲求公平原则。

（四）小结

总体来说，由以上访谈材料可知，受暴妇女的求助资源主要包括正式支持系统及非正式支持系统，受暴妇女倾向先寻求非正式支持系统，包括娘家、婆家、亲友、朋友、邻居、网络及神灵系统，正式支持系统包括警察、妇联、村委、医生、公检法等部门，受暴妇女有其不同的途径接触到这些部门。

在求助需求方面，受暴妇女共有 19 种求助需求，整体可见，在暴力中，受暴妇女的需求是多元的，随着时间的推移而变化，初期多以求助非正式支持为主，以满足个人情感支持、家事调解及制止暴力；随着暴力的严重化，求助中期以保障人身安全、医疗及庇护等需求凸显，从求助非正式支持系统转向求助正式支持系统，并且在暴力中后期，受暴妇女会交叠使用两种系统资源。值得注意的是，离婚不意味着暴力的结束，子女照顾、经济援助甚至复婚等其他需求会在离婚后再出现。

在受暴妇女对求助对象的选择方面，其主要影响因素包含受暴妇女个人的基本信息脉络、受暴妇女个人所在地的居住环境资源及人际支持网络资源的可用性、人际网络的关系亲密程度以及对方在制止暴力或情感给予安慰时个人的人情回报能力等。

四、文化视角下受暴妇女求助障碍影响因素

从求助行为历程的视角来看，障碍在任何阶段都可能出现，包含受暴妇女认识及定义暴力的问题、决定求助过程，由受求助对象的态度及行动所影响，受暴妇女求助经验及感受，在求助过程中不仅包括受暴妇女和施助者的互动，这个过程施暴者也参与其中，施暴者的反应会影响受暴妇女，甚至还包括施助者对暴力的认知及行动。为此，结合上述求助历程不同阶段受暴妇女求助出现的障碍性因素，本节围绕三者的互动，结合前三节受暴妇女求助历程中的经验和感受，并从华人文化角度出发，分析受暴妇女求助障碍（见图 4-2）。

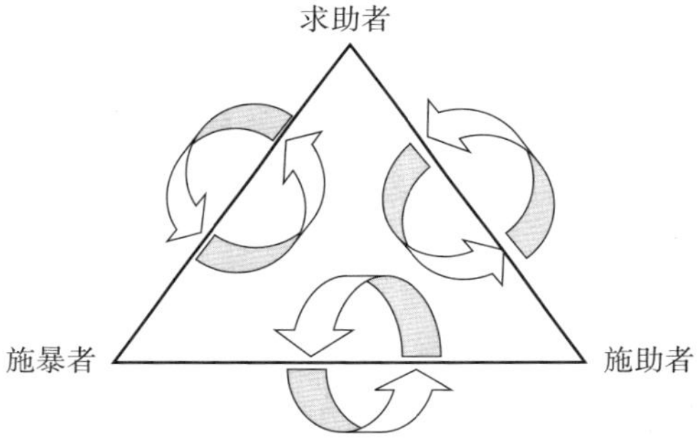

图 4-2　受暴妇女求助行为交互影响

资料来源：笔者自绘。

施助者是一个较广泛的概念，涵盖正式和非正式支持系统，也涵盖目前受暴妇女潜在的回应资源，为此，为了能更清晰三者之间的互动，研究者在梳理受暴妇女求助障碍时，把求助者改为个体因素、施助者置换成外部回应，并且以文化作为更广的因素渗透于三者的互动中。最终，受暴妇女求助障碍模型建构如图 4-3 所示。

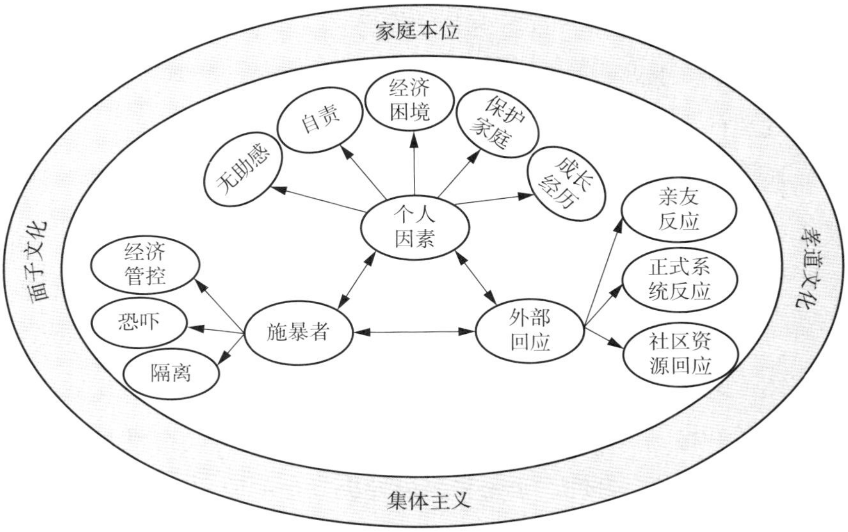

图 4-3　受暴妇女求助障碍模型

资料来源：笔者自绘。

（一）个体因素

个体因素主要涉及受暴妇女对暴力行为的反应和内化的描述，如长期遭受暴力产生的无助感、内化的自责、经济困境、保护家庭等，其中最为复杂的因素为保护家庭。

1. 对暴力的无助感

受暴妇女会用“都怪自己没用”“感觉无能为力”这类词语表达自身的无助感，如阿燊、阿晓、阿琼等受暴妇女在被打的问题上显得很无助，常归咎于自身性格懦弱。“太懦弱”“太心软”“优柔寡断”的负向人格特质使得受暴妇女面对暴力时无法抽身，长期受暴会使得女性在婚姻中自我价值感降低，如阿霞会感觉自卑，甚至出现轻生念头，对对方仍然保持的爱也是受暴妇女无力感的来源。如同习得性无助模型（Learned Helplessness Model）的研究结论一致，严重的、断断续续的暴力在受虐妇女中产生了强烈的习得无助感，这表现在她们不能离开她们的虐待伴侣。这些无助感导致受暴妇女心理“瘫痪”变得更加明显，女性寻求帮助的积极性将会降低（Lenore Walker，1979）。

2. 内化的自责

在传统性别角色的影响下，妇女在面对暴力问题时常常显得无助，无法经营好家庭及婚姻使女性陷入自责中，主要体现在把暴力归因在自身，羞耻感、宿命感影响其对暴力的认知，受暴妇女不断将暴力合理化。

如阿玫、阿玉虽承受暴力，但是却担心告知他人反而被责备为女性不懂得经营婚姻所致，为此，在暴力关系中更多的是从自身找原因，这一发现与 Smith（2003）的研究发现相似，即当妇女认为暴力只是家庭生活中的突发、单一事件，于是将暴力冲突发生的原因归咎在自己身上，认为是自己的错才导致暴力发生，只要努力或改变，就可以使暴力的状况停止，恢复家庭和谐，她们会先从改变自己着手，认为只要自己改变，情况就会好转，所以并不会向其他人吐露、求助（吴振寰，2007）。再如阿花，丈夫因出轨逼迫她离婚而暴打她，她老公却将家庭暴力的产生内化为“家里的女人没魅力”，阿芬则觉得“自己的命不好”。再者，大众对婚姻暴力的观念视为正常，以及受暴妇女内化暴力正常化，都会影响受暴妇女求助行为。受暴妇女在求助过程中，非正式或正式支持系统都会传递出“夫妻之间吵吵闹闹是正常的”观念，在这种影响下，受暴妇女内化了这套信念，正常化了这些暴力行为。而暴力常作为解决家庭内部冲突的手段而被合理化制约了女性求助行为（Naved et. al，2006；Tenkorang et al.，2016；Goodson and Hayes，2021）。

从文化的角度来看，对暴力的认知偏误常常与父权制文化相关，传统性别规范对女性的约束，要求女性在家尽心尽责。女性被认为负责经营家庭、履行妻子及母亲职责，若不能充分履行理应受到惩罚（McCleary-Sills et. al，2016；Uthman et al.，2009；Wilson-Williams et al.，2008），在几千年的男权社会中，对于女性的性别角色定位就是贤妻良母、相夫教子、三从四德，甚而认为女子无才便是德（王澄霞，

2012）、宿命观有强烈的传统文化教导色彩（吴淑凤，2001）。近百年来，这种观念随着社会政治文化状况的发展变化、随着女性社会经济地位的逐步提高而不断有所改变。最近的研究表明，近20年中国人的性别角色观念总体上趋于现代与平等，但在社会分工与文化规制方面表现出明显的差异，呈现出向传统回归的趋势，男外女内、男主女从等性别分工观念有所回潮，农村男性的性别观念更为保守，性别观念并未随经济的发展和收入的提高而得到相应的提升（徐安琪，2010；杨菊华等，2014），特别是家庭主妇，在家庭中扮演着“相夫教子”的角色，其经济来源依赖于丈夫，缺乏经济独立，当其家务劳动不被丈夫肯定时，传统性别观念对其影响更大。

3. 经济困境

经济困境是受暴妇女求助的重要影响因素，主要表现在受暴妇女对离开感到迷茫、缺乏个人技能，在职场中处于弱势、欠缺准备、避免影响工作、缺乏住房保障、经济依赖于男性、难以支付离婚补偿、担忧离婚权益受损、外债未清无暇思考，基于其经济不独立，难以脱离暴力圈，使得受暴妇女求助行为较低。经济困境的相关原始材料，在上文中也有陈述，如阿诗、阿捷等受暴妇女认为缺乏技能难以离开暴力关系，阿燊是目睹其他单亲妈妈育儿的艰辛，担心离开施暴者的经济支持后，难以单独抚养子女，阿花则是对丈夫的外债不清，房子又不在自己名下，权益保障不足而却步。经济困境影响受暴妇女求助与很多研究结论一致（Beaulaurier et al.，2008；Kaukinen et al.，2013）。

4. 保护家庭

保护家庭涵盖的内涵较广，显得非常复杂，体现在完整家庭对女性的重要性，主要包括：①受暴妇女担心若求助揭露了家庭暴力，会对子女心理健康产生不良影响，“为了孩子”是访谈中出现最多的一句话。如阿芸、阿菲、阿诗等受访对象，提到“舍不得孩子”“挨打时想到孩子，就忍耐下去”。②受暴妇女担心若揭露暴力，惩戒施暴者，会影响子女未来发展及婚嫁。阿燊表现在为了儿子未来考公职时家庭背景调查中没有犯罪记录，阿程、阿欣和阿蓓3位受访对象则担心离婚的家庭，成年子女在婚娶时受到另一半家人的歧视。可见，传统社会性别观念对女性的束缚，表现在父母为孩子谋的远不仅是当下一个完整的家，其背后还包含对孩子的工作前程、婚嫁等考量。③受暴妇女抱有“完整家庭的迷思”，这个观念甚至取代了对子女安全或遭受暴力的负面影响或妇女本身对暴力带来的恐惧感。在家庭教育影响下，受暴妇女容易抱持“孩子不能没有爸妈”的观点，要给予孩子一个完整的家的迷思，以及产生“结婚就是一辈子的事情”这种从一而终的婚姻观。

以上三个方面在不同的研究中也有一些相同的结论，受访对象常常基于照顾孩子的需要、忧心单亲问题、忧心子女心灵受伤、担心孩子遭受暴力、害怕失去监护权等这些因素与诸多研究一致（宋月瑜，2003）。传统性别观念下妇女要牺牲个人幸福和自由以维护婚姻和家庭的问题（郑美琴，2006），传统的性别角色与家庭照顾的责任，让女性更倾向于选择为守住夫方家庭的完整性而活，面对子女未来前程、婚嫁，妇女需要表现出“忍辱负重、无私分享、甘愿为孩子牺牲自己”的性别角色期待，这些实际上是将妇女继续停留在暴力中的行为崇高化（王志华、周琨，2007），从而忽视了女性真正的诉求。

5. 成长经历

成长经历部分主要指受暴妇女童年受虐或亲自照顾受虐者而忽视问题会妨碍其求助。Burstow认为，家庭成员是最值得信任的人，当这些受信任者长期虐待或忽视儿童和其家人，孩子就认为任何人都有能力甚至有权利虐待她们。受暴妇女在儿童成长期遭受到创伤或被家庭忽视，会增加婚后遭受家庭暴力求助的障碍，如阿芬，从小缺乏家庭关爱，发生家暴事件后没有和父母说，阿玉则是在暴力家庭中成长的孩子，目睹自己的母亲遭受父亲的家庭暴力，正常化对待夫妻间存在暴力现象。本研究和Burgess（2012）的女性主义模型中，从时间的维度探寻个体成长经历时，发现童年受虐容易抑制成年后在亲密关系中的求助行为。叶美云（2011）的研究则从原生家庭对个人价值观影响的角度发现，有些妇女认为婚姻暴力是每个女人都可能遭遇的，也认为女性一旦离婚，命运必定坎坷，名誉受到影响，生活也会不好过。这样的观念有可能是妇女从原生家庭学习而来的，因为妇女也许就是在家庭暴力中长大的孩子，看着母亲背负着传统的价值观生活着，导致妇女无法从中分辨婚姻暴力的迷思与是非对错。当妇女本身的价值观都认可婚姻暴力时，妇女向外求助的动机就非常低了。

（二）施暴者行为

受暴妇女对施暴者心生畏惧，特别是恐怖型人格的施暴者，施暴者会通过恐吓、隔离、高管控的行为限制受暴妇女的社交行为，致使受暴妇女产生一系列的心理障碍，如害怕暴力更严重、恐惧个人及家人遭受报复、担心拖累他人等限制其求助行为。例如阿兰和阿琼认为施暴者恐吓如影随形，施暴者常说恐怖的话语吓退受暴者，如阿兰提及的：“他说我敢去法院告他，他就去把我家人都杀了。”（2– 阿兰）再如阿琼提及的：“他常挂在嘴边，我要和他离婚的话，等我们睡着的时候就把孩子和我一起杀死。真的很危险。”（15– 阿琼）Grigsby 和 Hartman（1997）的障碍模型中也有相同的结论，研究发现恐吓、隔离会限制女性寻求支持（Rose et al.，2000）。

在限制社交方面，本研究发现阿晓、阿芬、阿蓓等受暴妇女在描述个人的暴力经历时，都提及施暴者对其社交实施高度控制，隔离妇女与其他人的社交行为，并对受暴妇女的经济进行严格管控。就如 Grigsby 和 Hartman（1997）指出，隔离迫使受暴妇女远离家人和朋友等支持来源，使得受暴妇女仅能与施虐者联系。施暴者常采用的手段是限制受暴妇女社交，常常伴随高控制行为，如监视受暴者行踪、高度控制受暴者社交，致使受暴妇女与人际圈分离，生活半径仅围绕施暴者，采用这种方式的施暴者伴随对受暴妇女性道德的污名，致使受暴妇女疏离社会支持，在暴力面前陷入求助无门之困境。脸面分为道德脸面和社会脸面（黄光国，1988），社会脸面主要是个人借由自身的才干、努力或能力而“获至之地位”，道德脸面代表社会对个人道德品格完整性的信任，施暴者用道德脸面攻击受暴妇女，怀疑女性不忠，使用“出轨”“勾搭男人”“戴绿帽”这类道德的污名来实施对女性的控制，引发女性的耻感或自责，致使羞于开口寻求社会支持的帮助。Beaulaurier 等（2008）的研究指出，施虐者利用妇女的自责和羞耻感来维持对女性的控制，实际是对女性权力控制的一种手段。

（三）外部回应

外部回应主要涉及受暴妇女求助时的外部障碍，包含家庭反应、公检法及群团系统反应、社会福利服务部门的反应及社区资源的回应性。受暴妇女在寻求以上系统帮助时遇到的障碍。

1. 亲友负面反应

如前文所述，非正式支持的态度将会直接影响她们应对暴力的态度及方式（陈钟林、张芳，2006），本书发现家人劝和、抱持反对态度、家庭成员采取行动阻挠、亲友对离婚抱持羞耻心态、以同理慰留，是受暴妇女主要的求助障碍。此外，父权制使得大众对男性施暴更具有包容性，这种包容性贯穿求助所有阶段，不仅在非正式支持系统，甚至在正式支持系统中也存在，甚至出现责备受暴者的风气。而娘家在干预时亦受到传统的父权思想，外嫁的女儿不再归属娘家，亦担忧婆家会数落外家干扰自家事情，这些文化观念也是影响娘家人或亲戚、邻里不好过多干预暴力问题，或劝告受暴妇女忍耐的因素。

这些在不少研究中亦有所发现。例如，亲近的家人或朋友的回应，反而给当事人带来更多伤害和负面感受（Loke et al.，2012），在纽西兰的研究中也指出，当受虐妇女试图向伴侣的父母或小孩寻求协助时，多半得不到正向回应（Fanslow and Robinson，2010），或认为受暴本身是一件很平常、大家都曾经历过、不用大惊小怪的事，甚至摆出一副事不关己的态度。其次，受暴妇女求助于非正式支持也得承担起不可预知的风险，因为求助行为可能引发施暴者的怒气，进而对其相关亲友施以不当报复，导致亲友不一定愿意提供协助，换言之，有时候家族成员如公婆、同住或不同住的施暴者的亲戚朋友，都有可能通过直接或间接的互动方式，在不知不觉中成为亲密关系暴力的共犯（潘淑满，2015）。在这样的负面经验下，受暴妇女的求助意愿便会大幅降低，而以隐忍的方式存活在暴力的阴影下。

2. 正式支持系统的负面反应

正式支持系统的负面反应是指受暴妇女在求助正式支持系统时，并没有获得合理、完善、公平的服务，主要包括警察的不作为、执法不公、取证不易、律师费用高昂、地域歧视等。

第一，警察的不作为。公安行政不作为是指公安机关在行政执法过程中，由于不履行法定职责，给公民、法人或者其他组织造成一定损害的行政行为（刘昱辉，2017）。基层民警是关键的助人系统之一，可以给受暴妇女提供制止暴力的安全屏障。警察的不作为主要体现在处置家庭暴力中仅履行出警义务，干预的手段、力度和措施不能够达成惩治施暴人和保护受害人的目的。常见于对家暴问题消极处理、口头批评及劝说，甚至站在男性角度，将家暴问题正常化，对施暴人不施以正常的行政处罚。例如阿芬和阿玉，在求助警察时，警察在干预时仅做口头批评，并无实际跟进。

在我国，家庭和家庭生活属于私人领域，而警察的职责范围仅限于公共领域，虽《反家庭暴力法》已实施 8 年，预示公权力进入私人领域，但因出警的执法人员受“清官难断家务事”的传统观念影响，在处理家暴案件时的基层民警更习惯按照家庭内部矛盾处理，这种观念造成了很长一段时间以来警察对家庭暴力案件行政执法不作为的现状（刘昱辉，2017），民警甚少动用法律去维护受害者权益，而是请妇联、社区等部门出面协同调解（刘艳红，2015）。

第二，执法不公。执法不公主要指受暴妇女求助时遭受到基层警察不公平的对待，一些研究早有发现受害者对警察持消极态度（Huang and Vaughn，1996），并且不相信警察有公平和公正的能力（Hagan and Albonetti，1982；Myers，1996；Wortley，1996），这些都是阻碍因素。特别是在乡村基层执法中，熟人社会影响执法的公正，产生偏袒男性对女性不公的现象，如阿菲描述在派出所等待警察处理时，丈夫的叔叔和派出所警察甚为熟悉，让阿菲对警察产生执法不公的感受。熟人社会是中国传统社会的产物，其至今仍然存在，在某些基层组织中“人情”甚至可以代替法律，这严重地阻碍了基层民警的执法。在熟人社会背景下，公共权力容易变质，公共权力被用来解决私人问题，谋私利（张城成、陆茜，2013）。在施暴者熟人关系网的运作下，受暴妇女在求助方面会受到一定的阻碍，甚至会出现报警无法立案，最后不了了之的现象。熟人社会下公共权力的滥用将受暴女性继续置于危险的处境，使她们对救助资源产生无力感，失去了求助欲望，产生资源获取困境（苏振榕，2019）。

第三，司法程序过程烦琐，取证困难。法院审判时对证据的要求比较高，如阿兰和阿玉就遇到了取证难的问题。鉴于我国家庭暴力的发生具有隐蔽性和长期性的特点，家暴证据取证难的问题一直凸显（蒋月，2019）。法院对证据的要求比较高，而受暴者往往处于弱势地位，如果受暴者取证意识淡薄，取证能力有限，迫于施暴方的威力放弃取证，或者证据被灭失，而施暴人又否认施加了家庭暴力，则很难认定存在家暴。此外，司法系统往往根据一定的法律条文及程序所设置，如 Mahapatro 等（2014）的发现所言，现行的行政及司法模式是围绕法律机制的规则和程序构建的，这些规则及程序对于教育文化较低以及经济有依赖的受暴妇女并不熟悉，这也难以使她们获得适当的帮助。

第四，费用高昂。医疗、法律维权费用高昂使得社会经济地位较弱势的受暴妇女在求助上望而却步。例如阿玉经济条件佳，在访谈时也提及律师这笔费用是很多受暴女性难以承受的。若自行请律师，这对于深陷经济困境中的妇女而言是难以支付的费用。按照《法律援助条例》的规定，具备法律援助门槛之一的是受暴妇女经济较为弱势，需要提供“经济困难”证明（王绍霞，2013），法律援助的门槛当受暴妇女获得公益性服务时，基层维权服务人员的专业性无法保障，提供的服务有限。

3. 社区资源的回应性

社会资源的回应性主要是指社区服务的不足，包括妇女维权及反家暴专项服务输送不足以及妇女缺乏求助的信息或途径。

第一，妇女维权及反家暴专项服务输送不足。广东目前建有 10 家区域性反家暴防护中心，设置在广州、深圳、佛山三个城市，有些地级市仅有 1 家区级平台的试点庇护中心，挂靠于区级妇联维权部，专项维权服务严重不足。镇 / 街、村 / 居的妇联常为兼职工作，而非专职，其专业性及精力不足，难以面面俱到为受访妇女提供全方位的服务。在服务输送方面，使用资格限制同样抑制了受暴妇女的求助。此外，庇护中心只为受害妇女提供吃、住等基本的生活条件，没有提供心理和法律等方面的援助。当妇女离开庇护中心之后，如果再次遭受家暴，她们还是不了解如何保护自己的安全、如何维护自己的利益、如何避免暴力事件的再次发生。

第二，信息匮乏是阻碍受暴妇女求助的重要因素。多位受访对象不了解《反家庭暴力法》中规定的社区、民警、法院、妇联等协同单位的作用。例如阿玉所在的社区就建有反家暴防护中心，但是她根本不知道这个信息，多次报警求助后才获得警察的信息转介，而没有进入过正式支持系统求助的阿庄更是表示完全不知道有哪些途径。求助信息匮乏与受暴妇女本身的资源获取能力有关，教育文化较低以及经济受限的像阿庄、阿程、阿芬表达了“不知道要找哪些部门帮忙”，在网络信息获取上处于劣势，这些限制了她们获取相关的信息，公共部门对于她们而言是遥不可及的。教育程度高会促使受暴妇女有更多的途径了解可用资源

（Mahmud et al.，2012），国外研究发现妇女本身资源的缺乏及缺乏对资源的接近性（包括不知道去哪里寻求资源、不知道资源取得的方法，获取资源的不便利等会增加曾有暴力行为的丈夫的暴力倾向）（Goodson and Hayes，2021），越是低层的妇女越不知道资源在哪里及如何寻找，于是导致其容易受虐待，这个发现与郭素芳、莫文斌、陈苇等的研究结果较为相似（赵凤敏等，2007）。

由上可知，社区资源的回应不足，包含妇女维权及反家暴专项服务输送不足以及信息管道不通畅，这与多名学者的研究发现一致（Hyman et al.，2009a；Parvin et al.，2016；Goodson and Hayes，2021），受暴妇女缺乏相关服务的信息或与现有服务隔绝，以及缺乏社区资源获取的途径都会制约其求助行为。

第三，缺乏人文关怀的服务输送。正式系统的消极回应，特别是《反家庭暴力法》的指向中“家庭暴力 = 犯法”，特别是根据《婚姻法》第四十三条和《治安管理处罚法》的规定，目前采用的是“不告不理”，即受害人要求依法处理的，公安机关才能受理，受害人未向公安机关要求处理的，公安机关不予处置。为此，基层执法人员以及司法审判系统大多只会以受暴妇女是否要起诉施暴者这一诉求做处理，并不会对受暴妇女面临的多元需求及困境做过多干预。的确如 Mahapatro（2014）的研究所言，即使妇女鼓起勇气接触外部机构，她们也会遇到不敏感的态度和不充分的补救机制，因为社会规范和政策更关注离婚作为一种惩罚行为，对受暴妇女实际的帮助不足。

（四）文化

文化作为一个更广的层面，从各个方面影响着大众的生活，包括受暴妇女、施暴者及外部回应，都经由文化内化到个人价值观念，进而影响个体的语言及行动。通过访谈发现，孝道文化、面子文化影响着受暴妇女的求助行为。同时，文化同样作用于施暴者及正式系统中的人，抑制受暴妇女的求助行为。

1.“报喜不报忧”的传统孝道文化

中国向来提倡“孝”文化，强调孩子应顺从父母，不让父母担忧（汤一介，2009）。若非逼不得已，受暴妇女不会将家暴的事情告知年老的父母。如阿玉，娘家人都在贵州农村，且年纪已大，阿玉在遭受多年暴力后，仍表示不想他们（父母）担心。阿梅作为家中长女，从小带着8个弟妹在外闯荡，嫁到广东后，3个弟妹也都陆续跟过来安家于此，她被打时也没和父母说过，不想父母操心。在长达2000多年的封建制度和宗法制度下，古代中国家庭形成了“报喜不报忧”的习惯（赵志浩，2015）、讲好不讲坏的思想观念，以及在社会文化价值方面强调人际和谐、以和为贵的信念，使得人们避讳谈论灾害、灾难、危机，不愿意面对，这个思想根深蒂固，直到今天仍被中国人视为缓解紧张代际关系的有效途径（孙隆基、何萍，2015）。

2.“家丑不可外扬”的面子文化

顾忌身份地位与颜面的担忧影响受暴妇女对问题的定义以及进一步抑制其求助意愿。面子问题背后与个人声誉、集体荣誉息息相关。受暴妇女所持的观念如担心被人指指点点、没法还人情、受到传统文化的影响，并进一步使得个人内化传统文化的观念。面子问题会使她们担忧家暴被他人知晓，在职场中的女性，会担心家庭事务影响职业，阿琼、阿妹、阿欣都有此顾虑。对脸面的考量不仅是个人的，受暴妇女还会站在夫家角度考虑，阿庄受伤后到亲戚家疗伤，仍不愿意离开暴力圈，她认为需要维护丈夫和亲戚的关系，好面子、“家丑不可外扬”的文化观念，增加了家庭暴力的隐秘性，也削弱了受害者对外求助的动机。Liang（2005）认为强调家庭隐私的亚洲文化传统，对离婚的恐惧以及使男性处于优越社会地位的性别角色可能会阻止许多女性在家庭之外寻求帮助，即使他们已经定义了暴力的问题。诸多学者认为，这与集体主义文化下对家庭荣誉问题（Ho，1990；Patel，1992）和/或家庭团结的重要性（Triandis et al.，1982）有关，华人认为暴力只能在内部解决，都是受暴妇女求助的障碍。

脸面的考量不仅对个人，还包含家族荣誉以及重要他人，父权制下夫家就是妇女的归属，华人文化中有着凡事不求人的自力更生的理念（Chiu，2004），华人文化下自力更生的最终目标不是为了“自我”，而是为了父母，自力更生给家庭带来了荣誉，这与中国的“关系自我”有莫大关联。求助则意味着“求人矮三分”，认为求人帮忙所暗含的“没能力”是一件“丢面子”的事情（韩贵香、李美枝，2008），这是对求助污名的结果。因此，求助他人往往会为受暴妇女带来更多的面子威胁、消极情绪和自我评价。特别是性暴力往往伴随施暴者对女性出轨的怀疑，损害女性自尊，对女方个人道德脸面造成影响，会加重女性的羞耻感。面子使得家庭暴力受害者自认为是可耻和丢脸的，所谓“家丑不可外扬”家庭暴力是一种隐私，这些都影响求助行为的发生（古学斌，2014）。

（五）小结

本节主要通过分析受暴妇女求助行为遭受的障碍，经过资料分析主要分为个体因素、施暴者行为、外部回应三部分，而文化作为更广的系统不断作用于三者，影响着受暴妇女、施暴者及外部系统的回应。在个体因素方面，包括受暴妇女在暴力中的无助感，源自传统性别角色对女性的束缚，致使受暴妇女将暴力合理化，耻辱感将暴力内化为自责，经济困境致使受暴妇女难以脱离暴力圈，保护家庭是最复杂的因素之一，受暴妇女会对成年、未成年子女的成长及未来发展有诸多考量而牺牲个人幸福隐忍于暴力圈中，父权制度下对女性传统性别角色的期待，女性进而内化这一观念、创伤或亲子关系疏离使得妇女不容易踏出求助这一步。在施暴者行为方面，包括隔离和恐吓，通过隔离的方式孤立受暴妇女和她的社交圈子，并采用恐吓性的语言及行动阻碍受暴妇女的求助。外部回应包含亲友的反应，大多依循父权制下的意识形态，大众视家庭暴力为正常现象，劝和甚至责备受害者。正式系统的回应包含公、检、法部门中出现的警察不作为、执法不公、司法系统对家庭暴力的取证难、医疗及法律维权费用高昂；社区层面专业服务不足，受暴妇女缺乏求助的信息途径以及缺乏人文关怀的服务输送。在文化方面，家庭为本位以及集体主义下家庭荣誉优先的求助观念，外加孝道文化、面子文化因素交互地影响受暴妇女、家人或外部机构的回应，这些构成了受暴妇女的求助障碍。

五、求助成效及应对策略

（一）求助成效及特点

1. 非正式支持系统

第一，亲友的支持系统会增强受暴妇女反抗暴力的能力及信心。例如阿程虽然在农村备受妯娌白眼，和婆家关系也不好，但依靠做医生的爸爸搬到城市居住，当暴力发生后，阿程获得了家人的支持，制止暴力效果较好，丈夫不敢轻易对阿程动手，“我爸爸知道他动手后，带着我侄子和我弟弟来我家，他们都有一米八的个头，当时警告他不能打我，那时候他就收敛一点，他不怎么敢动手打我了”。（20- 阿程）阿程有娘家人撑腰，阿梅也一样，第一次家暴时她的女儿报警及通知娘家人帮忙，娘家人来了把她丈夫揍了一顿。因为这次的反击，丈夫基本不再家暴，直到几年后再次因为家庭经济矛盾动手，但每一次阿梅都有家人帮忙“反击”，丈夫在家庭中不敢轻易对她动手了。

第二，非正式支持系统以调解、劝说、不好干预为主，甚至责难受暴妇女。并不是每个非正式支持系统的协助都能获得较好的成效，劝说、安慰受暴妇女忍让于暴力中是最常见的，这些劝说常让受暴妇女容忍于暴力圈，或又回到求助前对暴力问题正常化的认知中，最终无助于妇女脱离暴力圈。

阿欣和娘家不在同一个地方，娘家尽量帮助阿欣劝告丈夫少动手，但阿欣的丈夫脾气暴躁，暴力在消停一段时间后又会出现，“找娘家人，起码有个地方住，被打的时候也有个人可以照顾自己。我爸爸还是可以出面，之前借钱什么的我爸都帮忙了，所以我前夫还是给几分面子给我爸。但是没有用，消停一段时间又会打我”。（13–阿欣）阿芸听到周围的声音都是让她忍耐，虽然邻居会出来劝架，为其提供庇护和金钱上的援助，“亲戚朋友，还有邻居，个个都说建立一个家很不容易，需要几十年，甚至一辈子，而拆散一个家只需几小时，为了小孩子就容忍对方吧”。（9–阿芸）同样地，阿晓听到的声音也是劝说让她忍耐。如前述所说的阿琼，父母调解持续的时间不长，随着频密的暴力发生，父母也难以每次都从别的城市赶过来，阿琼虽然想离婚，但是妈妈大部分时间都在劝告她忍耐，“我妈妈说婚姻就像一把伞，伞破了还可以遮风挡雨，何况还有孩子，让孩子‘有瓦遮头’（有遮风挡雨的地方）好歹有这个家……当时我妈说的这些我也觉得有道理”。（15–阿琼）可见，阿琼对暴力的认知在求助的过程中也受到施助者的影响，认同父母带来的“完整家庭”这样的观念，为了孩子忍耐丈夫的暴力。

除了劝告受暴妇女忍让，受暴妇女在积极求助时，甚至会遇到责备受难者的现象，如阿兰在访谈时表示家人反对，丈夫会扭曲事实，向阿兰娘家投诉阿兰没有把孩子照顾好，以致全家人责备她：“没人帮我，包括我大哥，他是律师还不帮我，他们都站在男方那边，都听他的，他能说，他能把事实扭曲到我身上来，都觉得是我的错，都认为我不好好经营家庭，不顾家。”（2–阿兰）阿晓也有同样的情况，她积极找人调解夫妻关系，但是调解人大部分站在男方那边，“有些人劝我回去，说我一直说丈夫给我暴力让我要出走，没有羞耻感，说我总是扮演受害者，让我牢牢记住女人的本分，要照顾好孩子、老公和家人，说我不是个负责任的女人……”（16–阿晓）

阿菲的情况更为糟糕，阿菲和婆家、小叔子一家一起住，起初家暴是因为阿菲嫁到夫家后，夫家也有兄弟，婆家认为应该分家，不在一起住，在如何分家问题上产生了很大的分歧，阿菲认为公公、婆婆偏心，在家庭争执中，丈夫对她施暴，婆家一家并没有制止暴力，婆婆、小叔子甚至一起加入对她施暴的行列。在暴力严重时，阿菲报警后，也求助娘家，幸得娘家协助，“他们一家子一起来欺负我，我家婆是湖南妹子，泼辣厉害，我老公就是个妈宝男，我和我老公打架时，她还跑去拿剪刀，要扎伤我，小叔子打我的时候，我老公木讷一动也不动，不会帮老婆”。（4- 阿菲）负向又紧密的婆家关系，受暴妇女不但在家暴中不能获得支持，婆家人还可能是暴力的帮凶。

此外，大众认为家庭暴力属于家庭私人事务观念众多，大众不好干预家庭事，致使妇女倍感无助。如阿妹提到某次家暴的情形“他 1.73 米，好大个，我才一米五几，怎么能打得过他，没办法反抗，我拼命叫，叫声好大，影响到隔壁，一直持续到早上，早上五六点钟，有人过来敲门，他应该是住隔壁房的，吵到他了，我就喊：‘帮我报警，帮我报警’，后来那人在外面听到，‘你是需要报警吗’？接着他就骂那个人，‘我们夫妻俩的事关你什么事？’然后那个人走开了，没有报警……”（3- 阿妹）可见，这样的观念抑制施助者出手相助，进而让受暴妇女感觉求助无门。

第三，施暴者的恐怖行为吓退施助者，施助者遭到报复而不敢施助。求助过程的发生不仅包括受暴妇女和施助者，这个过程施暴者也参与其中，施暴者的反应会影响受暴妇女，甚至是施助者。有些止暴的方式会使得受暴妇女遭到更大的暴力，施暴者不仅对受暴妇女采取极端的暴力手法，甚至对施助者亦采取暴力对待，这些会让受暴妇女在暴力关系中更为被动，或陷入无助的境地。

随着暴力的不断升级，阿琼继而向在同一城市生活的舅舅求助，“起码让我老公打我收敛一点，谁知道，我舅舅和我舅妈上门说这个事，他反过来恐吓我舅舅他们，亲戚帮得了一次帮不了第二次，我妈妈又和我舅舅说这个事，舅舅他们观念都差不多，说忍忍就过去了。后面我就再没找他们了”。（15- 阿琼）由此可见，阿琼和父母关系紧密，能提供一些情绪慰藉和调解，但因为不在同一城市，在暴力发生时难以及时帮忙，阿琼后续寻求娘家帮助越来越少，关系因地缘而疏离。最后，她在同事的帮助下住进了庇护中心，接触到社工，进入了正式支持系统。阿捷表示丈夫一直都很凶，周围的人都不敢帮忙，“被打后，我是不敢向别人求助的，一是因为，怕向别人求助后，他会打我更加厉害；二是他这个人太凶了，如果有人帮了我，他会去找那个人的麻烦，我不想连累别人，他曾经直接恐吓别人说，不要管他的事，还表现出要打别人的样子。他那时还半夜三更打电话到我姐家，骚扰我姐。之前他的嫂子说他，他骂他嫂子，后来他嫂子连见面都不和他打招呼了，这种人别人都不愿意理睬。之前有一次我身份证被别人偷了，在村支部书记的帮助下，重新办好了一本户口本，因为他不肯给我户口本去补办身份证，他知道后就和他爸爸去村支部书记那里，去骂人家，还说要拿刀砍人家，他和他爸都是那样的人，说要砍人家。后来书记找来其他人，就劝开了，后来也没怎么理他家的事了”。(10–阿捷)

由上可知，非正式支持在施助调解时常采用劝告施暴者停止暴力，或让受暴妇女忍让于暴力，有些非正式支持系统不但不支持受暴妇女，还特别是以女性照顾家庭责任为由责备受暴者，外加施暴者的恐吓，亲友也会担心受到暴力牵连/报复或认为家暴属于家庭事务而不好诸多干预，这些成为受暴妇女求助中的障碍。

第四，年龄越大，非正式支持系统支持妇女离开暴力圈越低。

年龄较小，进入婚姻时间不长，寄希望于离婚而脱离暴力圈，关系紧密的亲友较支持受暴妇女通过各种途径离开暴力圈。例如阿菲，不到30岁，阿菲在描述离婚时的决心很强烈：“我爸妈支持我，特别是这次被打得这么严重，早点离婚，我还可以再嫁。”(4–阿菲)但是随着妇女年龄的增长，非正式支持系统会改变他们的想法，从支持到劝告。在受访对象中，随着受暴妇女年龄的增长，家人对待受暴妇女离开婚姻的态度有所变化，人到中年后，家人一般都不支持她们离婚。阿燊父母开始很支持她离开这段婚姻，随着阿燊的犹豫不决，年龄大了后，父母不再支持她离婚，“我爸妈开始是支持我离婚再找的，当时自己心软，他婚前对我是很体贴入微的。所以爸妈支持我离婚让我再找一个时，我不忍心，那时我也怀孕了，舍不得打掉孩子，也怕离开他孩子出生没父亲，太多考量没下定决心离开。现在我都四十几岁了，父母年纪也越来越大，他们没有再叫我离婚，说离婚了也不好再找人。我现在只想过好每一天，清静安宁的日子”。（8－阿燊）阿欣在两个女儿上大学时提出离婚，家人都反对，“……他们都反对我，离婚了也不可能找人，以后老了一个人孤独之类的话。我爸妈都知道他什么脾气，我是软柿子，他们就想让我认错，息事宁人，可我自己也是很难受的”。（13－阿欣）

另外，2 位二婚的受访对象则表示非正式支持反对她们再离婚，劝告她们隐忍，但是在暴力制止上却没有太多的改善。如前述的阿兰，在阿兰没提出离婚想法前，娘家都在积极地劝告、调解。但是后来在阿兰提出想离婚的想法后，家人不但不同意，还出现了各种劝告，“她（阿兰妈妈）说我年龄大了，再找那么年轻的人（阿兰和丈夫同为 40 岁）找不到了，你要是离婚了不好找了，就劝我就这样过吧，她说哪有男人不打女人的？历代的男人都打女人的”。（2－阿兰）在妈妈的劝告下，阿兰又回到暴力圈中，二婚的她遭到父母强烈的反对再离婚，“就觉得好奇怪，我爸从来都不打我妈，疼我妈疼得要命，我家人从来都没有这种暴力的倾向，为什么她要叫我去忍让他！所以那时候给他们劝说的，没办法就回去了。我爸还说我要还离婚，他在这里都待不下去了”。阿兰不听劝，下定决心离婚时，丈夫还找来家人劝说、恐吓，阿兰的娘家人害怕阿兰离婚全家遭受到报复，除了劝说阿兰，还阻拦她甚至要和她断绝关系，“后面是上年国庆节的时候我决定要跟他离了，我就带着女儿去我姐妹（朋友）家住了，然后他回来找不到我就到处打电话，找到我家里人，我家里人都在劝我，用各种各样的方法骗我回来，像我弟还说要给我借车这样的话，说用这种方法帮助他劝我回家，我都不愿意，后来他就请了假一直在家里守着，后来还扬言要杀我，我弟弟害怕了，跟我说要在他面前声明跟我断绝姐弟关系，意思是说都站在他那边不敢帮我，我哥、我爸妈所有的人都不敢帮我，都不敢站在我这边，都怕他，都要和我断绝关系，我妈说他一个外地人，豁出去真杀过来怎么办？我们都是本地人，家业都在这儿，真惹不起。然后还跑到我单位去恐吓收留我的那些同事……然后又跑去找我领导，要我领导报警抓我什么的，又说怀疑我在外面有男人，反正就是用各种各样的方法来恐吓单位的同事。踢门啊、拍窗啊……好恐怖的，我都不敢出来，那时候吓死了”。在这种娘家人、朋友没法提供帮助的情况下，阿兰非常无助，阿兰的父亲还和她说“我的面子都让你丢光了”，直到阿兰身体受伤住院，经院友提醒，寻求妇联的帮忙，最后才进入正式支持系统。

阿妹，也是在二婚希望调解离婚时，大家都不愿掺和，“他们都不理我这些事情，他们说这是你们夫妻的事，我们管不了。打电话给他们，他们都不理。例如，我叔，他妹妹的老公，我找他们帮忙劝一下他，因为我觉得男人可能和男人有话聊。但他妹的老公说：“这是你们的事情，我没办法管”。（3- 阿妹）

可见，社会年龄大的受暴妇女离婚存在污名现象，现代的社会标准和文化仍然是以男性为标尺，在男女平等的倡议之下掩藏的是男尊女卑性别制度的再生形式，男性依然作为家庭的中心和权威，遮蔽女性的权利和要求，尤其是在婚姻方面的特殊需求。

由以上可知，亲友作为受虐妇女非正式支持系统中的重要组成部分，是其在遭受家庭暴力时首先想到的人，亲友的支持会增强受暴妇女反抗暴力的能力和信心，但非正式支持系统多以调解、劝告为主，甚至责难受暴妇女，特别是在涉及家庭事务的外来干预上，人们的态度通常都显得有些暧昧，对两性家庭角色的认知也存在偏差，年龄大的女性在脱离暴力的支持上更为薄弱，致使许多受虐者得不到及时而有效的亲友支持。

2. 正式支持系统

第一，警察当下的止暴能力强，但与警察个人观念、执法手法以及受暴妇女当下的反复变化的观念、权益保障意识相关，在交互中相互影响，致使服务成效褒贬不一。15 位使用了警察系统的受暴妇女，其中 8 位受暴妇女认为警察能快速制止暴力，且基层警察对暴力的处理过程对施暴者具有震慑作用。例如阿穗，当报警后发现警察上门，丈夫就会停止暴力，她会经常使用警察这一资源，“警察上门他就不敢动手了”。（14-阿穗）其他受暴妇女亦有同样的描述，如阿芬、阿花，“在派出所他就不敢乱来”。（17-阿芬）“现在觉得还是打‘110’吧，警察上门最好，起码他不敢动手了。大女儿现在也很支持我报警”。（11-阿花）

警察当下虽可制止当下暴力，但常见于对家暴问题消极处理，口头批评及劝说，如阿捷在当街被打时，被巡逻警察发现，“那一次在外面吃夜宵，在大街上被他打，巡逻的警察看到了，警察就说俩公婆什么事都要好好商量，回家后好好沟通，如果不是特别大的事，警察是不会继续管的，警察做了协调，就走了，没有管其他的，可能因为当时他打我不重。”（10-阿捷）若警察缺乏后续的跟进服务，执法机关对施暴者的震慑力会逐步减弱，如阿妹所说：“我报警已经报了4次，但是遏制不了他。他不停地骚扰我，去公司吵，要么就是利用女儿引我出来，将女儿抱回来。”（3-阿妹）

阿燊认为警察制止当下暴力佳，但部分基层执法警察持有家务事的观念，特别是暴力情况不严重时，警察多以劝说后离开，如阿燊所说，“求救派出所是最有效的办法，但警察说家务事不好管，备了案就会离开”。（8-阿燊）此外，部分警察执法时站在男性的角度，将家暴正常化，在受访对象中，如阿芬表示“警察都是站在男人一方的多，打电话报警他们来了，除了批评几句说不让打人，真正地去做处理的不多。但是上次我老公又要打我，我赶紧跑，跑到派出所报警，他们说你都跑出来了没受伤，我说受伤了你们才做事情吗？他们爱理不理的样子，觉得是家务事不想管，还劝说夫妻床头打架床尾和”。（17-阿芬）阿玉在离婚后持续遭受前夫的骚扰及性暴力，多次报警也遭遇警察的消极对待，让她感受求助时的无助，并直指这是警察不作为的行为，“派出所的话，回执都报了几张，但是解决不了问题，那时候他们根本都不处理这个事。就坐在那里听我们两个人聊，没有任何干预，我就觉得这是典型的不作为行为”。阿玉来自贵州，嫁到广东后不仅遭遇了警察的不作为，让她在暴力中更显无助的还有警察的大男子主义及地域歧视，“特别是我去报案，我觉得广东的警察有点看不起我们外省人，那种封建思想还是有的。他说我们本地人哪有家庭暴力的，他都没见过，然后他又说我们一个月能接案主几十多单，这种投诉报那么多，我们都要去解决，我们哪有那么多时间去解决，这报案的基本上都是外省的，哪里有本地的打老婆的，总之就是说广东的男人很好……我觉得报警也很无助的……”（6- 阿玉）

阿菲则是遭遇了执法中的不公平的待遇，阿菲在最后一次遭受严重的身体暴力时报警，因阿菲丈夫家在派出所有“关系”，警察在受理事件时明显让她感觉受到被怠慢，“他有个叔叔是在乡那边（政府）工作的。我等到晚上七八点还没录口供。他叔又说：‘你可以先去看伤’，如果我去看伤的话，他叔肯定拉着派出所的人去吃饭，就这样打发我，所以我就坚决要录口供，就坐在派出所那里等到很晚，最后报警回执也没给我”。（4- 阿菲）直到阿菲在起诉离婚阶段，妇联干部提醒她要去派出所拿回报警回执作为家暴证据。

在访谈中研究者还发现受暴妇女个人原因也会导致警察的干预不佳，受暴妇女在面对警察对施暴者的处罚时，因为个人因素或家庭因素又退缩了，给警察工作带来很大难度，致使警察不好干预家庭暴力，效果大打折扣。例如阿诗，在夫妻感情上有很清醒的认知，但所有的行动考量都围绕是否会影响孩子的心理健康，为此，常摇摆不定是否要报警，“像他家暴的时候，我都试过报警，如果证实他家暴的事实，把他拉去坐牢了，小孩子有什么新想法，对他心理上会造成一个阴影，我又有点心软”。（5- 阿诗）阿燊则因为考量孩子前途，下不定这个决心，“有次大伯（丈夫堂哥）直接走法律程序将他送进监狱，但我担心影响儿子以后的工作（儿子想考警察，家人不能有犯罪记录），我下不了这个决心，觉得自己挺无能的”。（8- 阿燊）报警时决心不够，也会影响警察出警，“我又报过一次警，报警后，然后他（丈夫）又打电话过去说没事、没事，这只是家庭的小事，派出所那边听到他这么说，就没来”。（16- 阿晓）亦有受暴妇女因经济困境而不得不放弃起诉。例如，阿芸和丈夫一起经营刻公章、照相馆等业务，但她遭受暴力时家人帮忙报警后，明明可以将丈夫送进拘留所，但阿芸最后打了退堂鼓，表示："我家人说只要我把验伤报告送过去，就可以给他定罪了，但是我不能这样做，我家是做照相、刻章，营业执照是他的名字，这是特殊工种，如果他有犯罪案底，那我们家连着店都要关门了，没有经济来源怎样支撑？"（9- 阿芸）阿芸虽可以让自己脱离暴力，但家中几个小孩需要养育，在诸多考量下，因门店是她们一家的经济来源而作罢。

子女考量、经济困境成为受暴妇女求助的障碍，致使受暴妇女产生摇摆不定的心态，继而影响警察干预的力度，妇女反复的态度，会让长期处于工作负荷的民警不愿受理。

第二，妇联及村委服务成效远不如专项服务反家暴防护中心的全面。进入中心接受服务的受访对象普遍认可由社工提供的服务具有成效，阿琼的丈夫常常利用孩子威逼她回去，在进入反家暴防护中心前，阿琼因不忍心看到孩子受伤而回去，但在家暴防护中心中能获得全面的服务，"那个中心的社工当时帮我申请了庇护中心，后面就和我谈我的人身安全问题，帮我评估我现在的处境，给我做了个危机测评，是高危，当时就不建议我回家，也叫我不要回公司，因为公司地址他也知道。后来就联系了我同事，去了我同事那里住……在反家暴防护中心，他们（社工）也告诉我自保的一些方法。那时候我跑出来我孩子留在家的，我在庇护中心住了一周，刚到庇护中心第二个晚上，他把家里所有的窗户玻璃都打烂了，能砸的都砸烂了，第二天，他就发了一张让我很害怕的照片，他把孩子放在打烂的家里面拍照发给我，我真的很害怕他会对孩子做什么……后来，社工看了这个情况后，帮我联系了所在的社区居委会，在那里备案了，还把我的资料报送给妇联。居委会就去我家看了，也去问了邻居，看了下孩子是不是安全的"。（15- 阿琼）阿诗在反家暴防护中心学习到的反家暴知识，让她在报警的时候有了底气，"因为我来这里我了解到，2016 年 3 月就开始家暴立法了，派出所跟妇联之类已经达成什么，反正有家暴，就先拉去调解，就是说不是像以前那样随随便便怎么样，不是家庭小纠纷了，已经受到人身威胁了。报警人家派出所处理这个事情”。（5- 阿诗）阿芬更是接受了两年的反家暴防护中心的培训，有了对抗组织不作为的勇气。

妇联和村委，作为最传统的群团组织及基层单位，在《反家庭暴力法》中主要负有家事调解及预防暴力的职责。但受暴妇女求助妇联 / 村委时也因各种原因对妇联的服务干预成效褒贬不一，亦有认为妇联干部在提供服务时仍然是以劝和为主，没有实际性的帮助。

在受访对象中，阿兰最为感激妇联，在她家人反对，警察不愿处理家务事时，阿兰最后求助区级妇联才终于脱离暴力，她归功于妇联的干预，“是妇联一直劝他，意思是说既然是这样子了，大家就好聚好散，去找个律师，大家商量怎么离婚、怎么分财产那些东西……用了不到两个月，真的就是妇联帮我了，因为妇联讲那个话把他也唬住了，意思是说，合不来就离了，她说你拖也没用，大家没感情。反正就是那天之后他才愿意离的……真的是要归功于妇联，没有妇联我不知道怎么去离婚，我真是要命了，你知道吧，我日夜都睡不着觉，我自从离婚后就胖了十多斤”。（2- 阿兰）

阿妹和阿菲也在妇联的协助下，接触到了律师，完成起诉离婚过程，这些都是妇联推荐的资源，但是阿妹和阿菲在求助妇联过程中，却感受到了很强的无助感。例如阿妹虽得到维权站公职律师协助，但也需要自己一步步探索，这对于知识文化水平较低且时刻需要为谋生而努力的受暴妇女来说是困难重重的，“我的起诉书写得不是那么规范，是我自己上网搜自己写的，然后梅姐（维权站工作人员）就介绍一个律师给我，叫宝叔，他重新帮我整理了一份，整得规范点。我就一步一步去法院，我不知道结果怎样，现在还在等……整个过程虽然有人指导你，但最后都要自己一个个去摸索，都要自己来……也好过去外面找律师，听说律师费很贵，我也请不起……”（3- 阿妹）

对于妇联提供的服务，部分受暴妇女认为效果不佳，妇联一般都是简单地进行劝解，如阿燊，第一次挨打找到娘家，娘家父母当天就带她去找村妇联，但是妇联并没有做出很好的回应，“我们找过村委妇联干部，也去镇上找过妇联，但是没什么用，她们就是听一下，没怎么处理和回应”。（8- 阿桑）阿蓓也有同样的感受，“我找过妇联，妇联也只是安抚我几句，没有实质性的帮助。后来我也就不找她们了”。（12- 阿蓓）如阿捷所述，“我也求助过镇的妇联，但是她们也只是听我诉说，登记下来，没有后续的行动，觉得找她们也没什么用处”。（10- 阿捷）

3 位农村受暴妇女求助村委干部，阿菲的父母找到村委书记，希望他能代表村民主持公道，为阿菲出气，但是因为阿菲娘家和婆家所在辖区不同，村委书记认为不好干预，阿菲只好转向其他求助资源。阿燊和阿捷则表示寻找村委协助处理时，大多为倾听，安慰一下，没有后续实际可以提供的帮助，“没什么用，她们就是听一下，没怎么处理和回应”。（8- 阿燊）。

第三，医疗、律师多为付费使用，一般受暴妇女难以支付；法院依法判处，人文关怀甚少而影响求助效果，庇护所申请手续烦琐，亦阻碍受暴妇女使用。律师多为付费使用，虽上文提及多位妇女使用了律师这一资源，但也仅限于简单的免费咨询服务，若需要进一步的指导则大多需要付费，这些对于处在经济困境中的受暴妇女而言是难以支付的。阿玉经济条件佳，在访谈时也提及律师这笔费用是很多女性难以承受的，“像我可以请律师，但现在请律师费是 3 万多元，很多女人不愿意出这个钱，一个简单的离婚收费不便宜，可能女人闹得面子也不好，各方面也不好，但很多女人也没想到这种事情去找律师”。当受暴妇女获得公益性服务时，基层维权服务人员的专业性无法保障，提供的服务有限，如阿妹和阿菲都获得公益律师的帮助，但亦是有限的帮助。如阿菲所言：“我找了村妇联，妇联干部介绍了村维权律师[①]，但她一个月才来一次，我每次都是打电话问她怎么做，她让我加她微信，可以帮我改起诉书，但她

① 广东实施“一村一律师”，省政府购买律师事务所各律师挂靠社区 / 村，每月下村一次为社区 / 村民提供免费的律师服务。

没到场过，都是电话和网络指导我……其他的流程都是我自己去摸索，孩子又在他（丈夫）那里，自己心里很焦虑，又没有办法。”（3– 阿妹）

在医疗系统方面，法医鉴定不被纳入医疗统筹，阻碍了受暴妇女使用该资源，阿菲表示她生育后没有经济收入，挨打后要丈夫给钱做检查，“我就和他说无论以后和不和好，都要给钱我做 CT 检查，因为我手上没钱，怎么做 CT 检查。别人叫我多做个脑电图，我明天去看医生上不上班，看看是不是脑震荡。因为我睡觉都要侧着脖子，好辛苦的。所以就等医生上班再看看情况，免得浪费钱”。（4– 阿菲）阿兰住院时得知家庭暴力造成的伤害无法核销，“我那时候受伤了嘛，他推我到地上又拖了好远，脚这样子拐着拖，一直拖，后面把我的脚指头拖伤，我就去医院。脚需要拍片，医生建议我住院治疗，治疗的时候医生跟我说，你这种属于家庭暴力，这种是不能报销（医疗核销）的”。（2– 阿兰）

在司法系统方面，其操作更多按照法律程序和条文执行，但是在条文之外，执行者对受暴妇女施以人性关怀服务是至关重要的，特别是司法系统对大众是陌生的，若求助时不能提供个性化完善的服务，会增加受暴妇女的无助感。阿燊对法律不熟悉，前面提及和律师商量后撤诉，追问之下阿燊糊里糊涂就撤诉了，而在实际的司法判决中并不会因被告不出席而撤诉。另外，法院审判时对证据的要求比较高，阿兰和阿玉遭遇了同样的取证难的问题，阿兰表示：“打得全身都青一块紫一块了，去到法院的时候，老公说，她自己摔跤摔的、她自己撞的，你没有证据，报警也没有用，警察来了也没用，他不承认。”（2– 阿兰）阿玉则说：“到法院以后开人身保护令的时候，他要我提供我前夫的身份证，我没有，让我收集那些资料什么的，有一些资料能拿来，有些资料我都拿不到，我那时候没敢回家。”（6– 阿玉）

在庇护中心方面，入住审核手续及住宿条件要求对于在暴力中仓促出逃的妇女而言不太友善，如阿芬当时找到庇护中心，但是因为资格审核不符无法入住，“当时就是说我不太符合资格，进不了庇护所，要提供一些证件，但是我拿不出来，后来只能去朋友家里住”。（17– 阿芬）阿琼则是入住了7天庇护中心，但是7天后要第二次申请入住资格审核通过才可入住，阿琼只好离开，“我在庇护中心住了7天后，因为社工说要住又要再申请，审批了才可以续住，后面我就去了我这个同事家里住了一段时间”。（15- 阿琼）

求助正式系统并非意味着受暴妇女可以脱离暴力，在访谈过程中发现，面对家庭暴力事件，公安机关、妇联、法院、社区 / 村委、医院与相关的其他社会组织各有不同的处理手法与办事原则，从前面的材料中可见，各部门之间缺乏联动与整合机制。受暴妇女在正式支持系统中获得较好的服务则会延续使用正式系统资源，或能更好地应对家庭暴力，若在正式支持系统中无法获得较好的服务，在暴力紧急情况下受暴妇女仍需要依靠邻居、亲戚等非正式支持系统的帮助，以制止暴力、保障身心安全、获得临时安全住所，受暴妇女会交叠式使用正式和非正式支持系统资源。

3. 求助成效的综合讨论

第一，在功能的发挥上，非正式支持会增强受暴妇女反抗暴力的能力，但是非正式支持在制止暴力功能上并非都是正向。亲友作为受虐妇女非正式支持系统中的重要组成部分，亲友为受暴妇女提供了多种正向功能，包括可以改善妇女的心理健康，提高受暴妇女寻求正式系统帮助的意愿和能力，保障自身的安全（Gondolf and Fisher，1988；Horton and Johnson，1993；Liang et al.，2005），帮助受暴妇女脱离暴力困境，这些正向功能早已被证实。

亲友的态度将会直接影响她们应对暴力的态度及方式（陈钟林、张芳，2006）。受暴妇女与亲友的关系紧密程度以及关系的好坏会影响受暴妇女求助选择及后续求助效果。与亲友关系紧密且正向的受暴妇女求助效果最好，关系正向但疏离的则视第一次求助效果决定后续求助效果，关系负向则求助效果不佳。如表 4-6 所示。

表 4-6 关系—求助判断

	紧密（+）	疏离（-）
正向（+）	求助并获得支持	视第一次求助效果决定后续求助
负向（-）	求助，效果不佳	不求助

在求助的效果上，和亲友关系正向且紧密的，在整个暴力过程中，大部分受暴妇女可通过告知娘家人获得情感支持（如阿兰、阿诗、阿妹等）、陪伴庇护（如阿晓）、经济援助（如阿霞、阿花等）以及制止暴力（如阿梅、阿程等）。有些研究也提及娘家若是积极地对妇女暴力问题进行干预，能有效地制止暴力，同时增强妇女反抗暴力的“底气”（王曦影等，2019），亦有研究发现如果妇女的娘家家族势力较强，则在夫妻纠纷中夫权或父权便处于弱势地位（刘蔚，2015），娘家人可以为妇女“出气”，更好地摆平家暴问题（如阿程、阿程、阿琼等）。

若受暴妇女与娘家关系疏离或支持不足，受暴妇女不愿意求助娘家，这进一步削弱了非正式支持对受暴妇女积极对抗暴力（如阿玫、阿琼等）。与黄一秀（2000）发现一致，受暴妇女与家庭、亲戚的关系疏离，可能造成妇女的孤立，也较不可能求助。

婆家和娘家不一定站在受暴妇女的角度帮助她脱离暴力情境，而是流于劝说、忍耐，会影响受暴妇女对暴力的问题定义和认知，甚至成为受暴妇女求助的障碍，无助于其脱离暴力圈。简春安、常宏文（2002）也有相同的发现，来自娘家的反应，有的是要嫁出去的女儿忍耐且自行承担责任，有的则给予情绪支持，出面协调，更有的是害怕遭到施暴人报复，而不敢帮忙。特别当受暴妇女提出离开 / 解除婚姻，婆家和娘家原本的态度会有所改变，或转向阻挠（如阿兰、阿妹、阿晓、阿穗等），这些在宋贤仪（1998）、宋月瑜（2004）的研究中都有相似的发现，非正式支持中有的责备受暴人，认为受暴妇女应为受暴负责，或劝告女性“忍一忍”“床头打架床尾和”，并以宿命论要求妇女忍受暴力情境（宋贤仪，1998；孙苑芳、孙越隆，2002；吴仙，2013）。

在对婆家的求助上效果更不如意，当与婆家的关系为负向时，婆家人甚至成为家庭暴力的帮凶（如阿菲、阿妹等），婆家的反应有的是佯装不知情、不闻不问，有的是请受暴者忍耐，有的是认为媳妇活该，更有的其实是帮凶，这些都进一步使得受暴妇女在遭受暴力后更加孤立无助（简春安、常宏文，2002）。

第二，暴力持续时间越长，非正式支持系统发挥的功能越弱，受暴妇女可用的非正式资源呈现递减效应。传统的社会规范和期待不仅存在于受暴者个人，亦存在于施暴者及潜在的施助者身上，邻居、亲友、朋友、同事可在制止暴力、家事调解、经济或庇护上提供帮助，但是随着暴力的严重化，以及施暴者甚至对施助者一同恐吓或威胁，有些亲友邻居、朋友等抱着“家务事”的观念，不愿意再插手干预，陈苇也发现农村女性认为“遭受家庭暴力”是家庭私事的观念较强（陈苇，2007），这些认知会抑制她们的施助行为，最终这些会让受暴妇女在暴力关系中更为被动，或陷入无助的境地。

习得性无助模型所言，随着暴力的严重程度升级以及由此导致的心理“瘫痪”变得更加明显，女性寻求帮助的积极性将会减弱（Lenore Walker，1979）。暴力持续时间越长，非正式支持系统在暴力干预上效果不好后，容易助长施暴者更严重的暴力，非正式支持无法制止暴力后，会使得受暴妇女丧失求助的意愿。

第三，在正式支持系统中，服务成效因施助者、受暴妇女因素以及资源因素不同，成效差异较大，受暴妇女对其干预成效褒贬不一。在非正式支持系统无法有效制止暴力时，正式支持系统成为受暴妇女非常重要的求助资源。随着城镇化、城市生活方式和居住习惯不断改变，以及人口流动的快速发展，在城镇的社会邻里关系越来越疏远，对于在城市生活、工作的受访对象而言，她们也感知到疏离的邻里、淡化的亲友关系，使得正式支持系统的重要性越显重要。

但是在正式支持系统中服务成效差异甚大。虽受暴妇女通过不同的正式支持网络获得制止暴力、家事调解、离婚、庇护 / 寻求安全住房等方面的协助，但是在解决受暴妇女的实际问题上，正式支持系统工作人员受到个人素质、工作手法、投入等因素影响，受暴妇女对他们服务成效褒贬不一。

（1）工作人员个人专业养成不同。如在受访对象中得到一致好评的反家暴防护中心，该组织由专职社工运营，社会工作者在个人信念上普遍有社会性别意识，其以专业理念和方法开展深入的个性化服务的新常态，为受暴妇女提供包括危机的三级评估、心理疏导、安全庇护以及其他个性化需求服务，能满足受暴妇女全方位的需要。李国波（2013）通过调研亦指出作为妇联购买的反家暴专项服务，被认为是有效保护妇女儿童合法权益、防止家庭暴力、促进家庭和谐的联合机构。相较之下，妇联采用接访、咨询的服务模式，难以为受暴妇女提供个性化服务，其服务成效难以保证。而不同层级的妇联，其内部专业人员文化构成不同，市区级妇联文化层级较高，但是镇 / 街、村 / 居级妇联其专业文化层次远不如市 / 区一级，在服务意识、法律权益保障业务上的专业人员养成差异甚大。

（2）区域人力及福利服务资源配置差异大。如妇联在市 / 区级在资源配置上为专职专岗配置，服务能力较强，但镇 / 街、村 / 居级妇联工作人员常为兼职工作，而非专职，虽有《反家庭暴力法》作为服务指引，但其专业性及精力不足，难以面面俱到为受访妇女提供全方位的服务。在警察层面亦存在这一问题。刘昱辉（2017）指出，当前公安机关特别是基层派出所，普遍面临警力不够、经费不足的情况，使得警察在反家暴工作中疲于应付，不能充分介入家庭暴力，既不能做好预防，也不能有效处置。为此，当民警在干预家暴过程中，受害者行为上的反复无常，对外界干预持怀疑态度，如阿诗、阿燊、阿晓对警察执法摇摆不定，一方面在遭受暴力时报警求助；另一方面当看到施暴者可能遭遇处罚时，又开始纠缠办案民警，给警察工作带来很大难度，进一步使得警察不愿受理家庭暴力事件。

除了人员配置，在针对受暴妇女的社会服务机构配置亦有差异。如区级成立反家暴防护中心、受暴妇女庇护中心、广东省妇女维权与信息服务站等服务机构，但这些资源配置均没有下设到镇街及村居层级，广东各地级市及人口聚居地，但县区地域宽广，在区级设立的服务难以覆盖镇街及村居，受暴妇女会因为路途太远、交通成本过高而难以获取这些资源。另外，医疗、公检法服务输送系统亦存在影响受暴妇女求助成效的地方。这些已在受暴妇女求助障碍中讨论。

（二）华人文化对施助者干预受暴妇女的影响

从华人文化的视角发现，施助者在干预暴力时，受到文化与制度的影响较大。例如，面对受暴妇女很多人抱着“劝和不劝分”“宁拆十座庙不毁一桩婚”的观念，在婚姻中大多站在男性角度，劝导女性忍耐，甚至责难女性。Tang 等（2002）发现，父权制下男性对女性暴力的文化容忍度不足只会导致受害者的自责，也会导致国人 / 家人普遍指责受暴者。家人负面的反应恰好印证了父权制下的意识形态，经常阻碍女性求助的决定和努力（Yoshihama et al.，1991）。父权社会对两性造成的不平等是受暴妇女求助障碍的结构性因素，不公平的性别关系有助于维持男性暴力的可接受性（Russo and Pirlott，2006），大众对婚姻暴力的观念视为正常，以及受暴妇女内化暴力正常化，都会影响受暴妇女的求助行为。

作为一切社会关系都围绕以父系单系世系亲属原则为根本法则的血缘团体展开的父系社会，在传统的外婚制度下，女性外嫁后，家人督促和支持女儿归属于婆家，敦促婆家接纳女儿，以便其更好地立足婆家及归属于夫姓家族和村落（杨华，2011）。基于此归属制度，娘家人在参与家暴问题干预上有诸多考量，娘家人对妇女在婆家中的事情过多干扰，会影响妇女在婆家的地位和归属，因此，父母在妇女受暴事件中常常劝说受暴妇女“为了孩子忍一忍”。

此外，传统文化对二婚女性以及年龄大的女性较少包容，中国式中年婚姻里不能没有家庭成分，中年离婚意味着亲情破损、家庭破碎。相旭东（2015）认为，尽管中国社会主张婚姻自由，也把离婚看成社会文明进步的表现，但是在中国人生命情感的深处，依然把离婚看成一种悲剧。婚期越久的离婚越被看成悲剧而不能接受。青年离异被看成个人波折而容易获得谅解；中年离异则被看成家庭悲剧而遭受非议；而老年离异却被看成是人生笑话而招人摒弃。中年婚姻稳定是家庭幸福的基本表征，人们通过婚姻看到了个体对家庭的责任和贡献，看到个人的品行和操守。而责任、贡献、品行和操守是中国人对个人评价的重要指标，个人的社会评价又是国人自我价值的重要组成部分。可见，中国人的自我并非与个人相关，而是与家庭捆绑在一起。

为此，受暴妇女在向非正式支持系统求助时，非正式支持系统的反馈中大多以劝导女性忍受暴力，因为个人代表着家庭，每个家庭成员都应该尊重他或她的父母和祖先，而不是给家庭带来问题或给他们带来羞辱，维持家庭被认为是家庭幸福、个人成就的一种体现。Ho（1990）也指出，中国人为了维持集体存在，家庭和谐、团结、忠诚、相互依赖、孝顺、诚实、正直、尊严和忍耐受到高度重视。

非正式支持系统对女性暴力的干预态度，归根受到父权制度以及集体主义的影响，这种集体主义要求减低个人对家庭的索取或者拖累，在涉及个人和家庭幸福之间发生冲突的情况下，个人将为了集体利益而牺牲他/她的福祉。

父权制及集体主义的观点，不仅存在于非正式支持系统，这些被内化的观念在正式支持系统干预家暴时亦有同样的体现，警察、妇联、村委多以劝说为主，特别是在涉及家庭事务的外来干预上，人们的态度通常都显得有些暧昧，对两性家庭角色的认知也存在偏差，致使许多受虐者得不到及时而有效的亲友支持，常常陷于孤立无援的境地，甚至还要承受误解、漠视及嘲笑等社会压力（陈钟林、张芳，2006）。女性在这个过程中需要牺牲个人权利和需求，尤其表现在婚姻方面。

（三）文化视角下受暴妇女应对策略

从文化的角度，我们看到似乎文化是抑制受暴妇女求助的重要因素，包括父权制以及集体主义下家庭荣誉与关系自我对受暴妇女以及人际关系网络的影响，致使受暴妇女求助前，个人对暴力问题的认识正常化以及合理化。施助者在干预暴力时，亦受到父权制的影响，对女性多以劝告的消极方式，并不能给予受暴妇女充足的支持，正式支持系统的服务输送不足亦使得受暴妇女在求助路上困难重重，再加上施暴者的恐吓、隔离及高控制的方式，增强了女性对外求助的无助感。

社会工作者若视受暴妇女为有能力的主体，应重视受暴妇女求助过程的能力，在这个抑制求助的文化影响下，为达到求助的效果，受暴妇女可善用脸面文化，发展出可为自己争取合理诉求的应对策略，受暴妇女若突破个人脸面，亦可操控脸面打破父权制观念下的无助感，为个人增能。王笃强（2009）研究低收入户经济求助行为时发现，低收入户面对求助对象时会通过借机试探、顺从配合、以退为进、开诚布公、动员劝说、制造困境以及发生直接冲突的人情策略以获得帮助。受暴妇女在求助需求上与低收入户不同，为此，本书也期待能通过了解受暴妇女在华人文化影响下，如何运用文化的影响力，达到其求助效果。本书总结出受暴妇女会采用开诚布公；告知同病相怜者；算命及改变风水、表现弱势获取舆论支持，施压施暴者；寻求权威人士协助调解；联动家庭成员动手反击等策略，此外，表现强势“倒逼”组织干预则是妇女在逆境中找寻到求助策略，在此一并介绍。

1. 开诚布公

开诚布公是指不再隐瞒，把事件告知施助者，以获得家人的支持。如阿花，丈夫出轨后，作为家庭主妇的她一分钱收入都没有，还有 2 个孩子带在身边，经济压力很大，开始认为这些事情是“不光彩”的，特别是以前她是家里“嫁得最好”的，现在丈夫出轨欠高利贷又打她，她向家人告知自己的困境，获得了家人经济上的帮助，“我爸妈死得早，姐妹几个关系一直比较好，遇到这个事情，大家也都挺帮我的，起码我现在心里有事可以找人说说。我大姐在部队做后勤工作，比较有空闲，前年我失业了，她住的社区还没有电商进驻，就带我代理了这个社区的在线超商，姐妹感情挺好的……我姑姑她也是过来人，也常安慰我。想不到坦诚说出来后得到了更多帮助”。（11- 阿花）开诚布公需要具备一定的基础，如非正式支持网络较为正向且紧密，而不需要太担心面子问题。

2. 告知同病相怜者

告知同病相怜者是指寻找有相似经历的女性，这样更能相互理解，以获得情绪支持及精神慰藉，同时，有相同经历可避免妇女求助时的面子问题。如在保险公司当中层管理的阿琼，开始不愿意让任何同事知道，因为担心这样在公司会待不下去，但后面告诉了有相似经历的同事，“后面真的过不下去了，不说出去自己会死，和关系比较好的同事聊起孩子的教育，觉得孩子在这样的环境成长，心理也会有问题的，想来想去就告诉了和我关系比较好的同事。她人也很好，家庭也不是很幸福，她丈夫出轨，她之前也闹过离婚，她也有不幸的婚姻，我想告诉她，她会很理解我的处境”。（15- 阿琼）阿燊也表示，“我平时和他堂姐关系比较好，大家住得近，她和我一样是个可怜的女人，她老公犯罪入狱了，她就离婚了，大家命运都不好，有什么事情，都会互相倾诉，可以感同身受”。（8- 阿燊）不愉快的行为和消息对大多数人来说都是威胁面子的，在此阶段，面子文化仍然影响个人行为，选择同类的群体倾诉，彼此才能“感同身受”，一来受暴妇女既获得了情感的支持，避免疏离和孤立的感觉；二来同时保存了个人脸面，倾诉者不会轻易将对方的隐私透露出去，避免其他群体得知个人隐私事件。

究其原因，王笃强（2001）发现这些经验与感受的核心是脸面问题，然而，相较于面子的问题还有里子的问题，因此，当顾及里子的时候，人情债偿还可能性是权衡的要素，它涉及的是回报的概念，回报在华人概念里并非一次等额就可以还清，人情往来无穷无尽，它甚至可以随着人“传宗接代”，人情债变得让人觉得极其不可承受。为此，求助他人要考量这个回报的问题，而和同病相怜者倾诉，人情交换与回报相当，因而可以减少脸面困扰以及回报的忧虑。

3. 算命及改变风水

算命及改变风水是指将家暴归因于风水不好，为此，认为通过算命或者改变风水可以改变现况，当没法求助于非正式支持网络时，神灵系统的求助策略可为妇女带来心理安抚，如阿霞表示，“当时想不通为何他会这样对我，我找了算命的，他就帮我们俩合八字，他说他可以搞定。结果他拿了一个三横（手比划画一个图形）的东西说让我放到枕头下面。当时还花了不少钱”。同样地，购买二手房的阿兰表示：“邻居告诉她这房子上一东家也有家暴才把房子卖了，房子的风水不好，厨房对着大门，带火，我为了这个事情特地找人把厨房门改了。”（2– 阿兰）2010 年在中国人民大学召开的第七届宗教社会科学年会上，零点公司在 2007 年做的“中国人精神生活调查”报告指出，85% 的中国人有某些宗教信仰或某些宗教信仰活动的实践，只有 15% 的中国人是真正的无神论者（李向平等，2011）。算命被认为有其个人及社会功能，算命行为可以促进个人心态的转变，以乐观、自信的心态处理困境；算命过程中常会包含一些伦理道德的规训，对于社会秩序的维系也有一定作用，当然对于规范人的社会行为也有一定作用（顾雅杰，2019）。在传统文化的影响下，受暴妇女通过算命行为舒缓心理上的焦虑，可以让她们更积极地去面对生活中的困境，也符合传统性别伦理道理要求，但是神灵系统和改变风水不见得会奏效，时间一长，她们两人都会发现，“结果还是一样（对她家暴）”“不是风水问题，是人的问题”。阿霞和阿兰都有提及寄希望于算命改变家暴问题，最终不过是让自己坚信施暴者会改变而停留于暴力圈中。

为此，算命及改变风水可以暂时舒缓受暴妇女心理上的焦虑，积极地面对生活中的困境，使其将问题外化于风水和命运，但实际是让受暴妇女规训于传统伦理规范。

4. 表现弱势获取舆论支持，施压施暴者

表现弱势是指妇女在危难时期，难以面对，无助感增强，只能表现弱势，让施助的人或潜在施助者看到施暴者的“恶”，以获得他人的怜

悯、支持或协助，实际是操作丢面子获得社会支持的过程。在国企工作的阿兰一直没有告诉同事 / 邻居丈夫的暴行，在她的观念里这的确是丢面子的行为，但是“前夫在外人面前表现得文质彬彬，给人假象”，并且在家暴的缘由方面也“胡乱捏造，让家人对他深信不疑，反过来责备她”，这些都造成她在寻求家人帮助时不能获得支持。当其无法忍受丈夫的精神暴力而决定离婚时，丈夫不同意，那天丈夫到其单位“闹”，势必要让她丢脸而不敢离婚时，阿兰决定不还手，不争不吵，任其打骂，“他拖着我走了十几米，我穿着裙子，手臂和大腿都是血，我就不反抗，让大家看到他是这样的人，我同事过来制止，他也恐吓我同事，这样大家都知道了他的真面目”。（2- 阿兰）正因为大众看到丈夫的恶行后，阿兰半年后终于离婚了，同事都在恭贺她“脱离苦海”，让她请吃饭唱 K，扫去晦气，事件没影响她在单位的形象。

在众人面前丢面子以获得社会支持是受暴妇女逼不得已的方式，当施暴者在外人面前表现得文质彬彬，在家对着受暴妇女却展现最为凶残的一面，致使施助者难以相信受暴妇女的陈述时，受暴妇女利用公共场合，特别是施助对象在场时，表现个人的弱势，任其伤害，并在众人面前让他没有脸面，使得众人对施暴者施与压力，受暴妇女转而获得众人的支持。中国传统文化价值观具有同情弱者、拒斥强者的思想，正直、认真、专心、诚信、廉洁、友善、同情弱者、孝顺等为日常生活或传统道德文化所熟悉的道德性质量（赵子茹，2019）。并且，Hall（1983）认为中国文化是高语境文化，也就是说，人们注重周围的环境对个人的评价。为此，受暴妇女通过在众人面前表现个人的弱势，令大众知晓施暴者的凶恶，会令周围的人同情受暴妇女的处境，可以减少社会大众对女性婚姻责任的责备，让大众责备施暴者，同时受暴妇女可以获得大众的支持。

5. 寻求权威人士协助调解

寻求权威人士协助，一般来说包含非正式支持系统及正式支持系统的权威，在非正式支持系统中，权威意味着在家族中有辈分或者“有面子”“威望高”，如果调解人的“面子”越大，那么平息家暴的可能性也就越大。如和丈夫家族居住在同一村落的阿燊每次遭遇家暴时求助于丈夫的哥哥，因为“他的工作都是他哥哥安排的，比较听他哥哥的话”，同样地，阿菲外嫁其他村落，和丈夫结婚2年被打了4次，最后一次她报警后，丈夫把他叔叔喊到警察局处理事情，她也喊来自家大伯，按照她说的：“他会找人我也会找人，他们都是同一辈的，没有辈分差异，说起话来不会矮一截。”（4– 阿菲）在正式支持系统中，则是通过正式支持系统的权威以对施暴者具有震慑作用。如阿兰，认为求助警察的效果不如请妇联帮忙，“是妇联一直劝他，意思是说既然是这样子了，大家就好聚好散，去找个律师，大家商量怎么离婚、怎么分财产那些东西……因为妇联讲那个话把他也唬住了，意思是说，合不来就离了，她说你拖也没用，大家没感情。反正就是那天之后他才愿意离的。”（2– 阿兰）

6. 联动家庭成员动手反击

联动家庭成员动手反击指求助者联动家庭兄弟姐妹，让娘家人过来处理家暴的事情，娘家人的支持网络大，可以为受暴妇女“撑腰”，在中国文化中，娘家给予的合作和支持会影响女性在婆家的地位（李霞，2005）。在遇到家暴问题时，娘家人出面制止有助于抑制暴力。如前文提及的阿玉、阿程。同时，第一次受暴后，妇女对暴力的态度会影响暴力的发展，第一次暴力采取制止的方式，可有效避免后期暴力的频率和严重程度，阿梅第一次家暴时她的女儿报警及通知娘家人帮忙，娘家人来了把丈夫揍了一顿，“2008 年他第一次打我……女人肯定打不过男人，我女儿就打电话给我弟弟。因为我弟弟他们都在这边，我弟弟和我妹夫两三个人打了他一顿”（1– 阿梅），因为这次的反击，丈夫基本不再家暴，直到几年后再次因为家庭经济矛盾动手，但每一次阿梅都有娘家人帮忙“反击”，丈夫在家庭中不敢轻易对她动手。联动家庭成员反抗越早，对抗施暴者的效果越佳。

7. 表现强势“倒逼”组织干预

表现强势倒逼组织干预是指遇到正式支持系统不处理时，需要个人表现强势“倒逼”组织处理，此刻需要妇女内心强大，并且个人熟知法律等相关条文。例如在海鲜加工厂工作的阿芬，自小学历不高，曾做过很多工资相较低阶的工作，工作不稳定，被家暴达 10 年，从时间维度来看，阿芬前期一直隐忍暴力，暴力发生的频率及严重性不断增强，虽阿芬通过忍让的方式避免夫妻关系发生冲突招来暴力，但家庭琐事及丈夫暴躁的性格，致使暴力不断，阿芬在长期的暴力中变得无助，不懂得求助。直到两年前进入反家暴防护中心求助后，经过社工的陪伴及心理建设，让其开始拥有反抗的力量，同时通过学习反家暴的条文，知道了警察的责任，“我真的和警察说我不懂你得教我，当时我第一次那么有勇气，我在派出所拍桌子了。警察后面配合我说这些事情，出警、上门去警告我老公，然后开告诫书。就是第一次对自己有信心，起码未来知道怎么去应对。而不是警察上门说两句就走了，剩下我又要面对我老公，又要被他打个半死”。(17- 阿芬）个人倒逼组织干预，受暴妇女需要清晰该组织所承担的相关责任，有勇气、有智慧应对强势组织，受暴妇女需要经过长期的赋权方能达成。

表现强势倒逼组织干预要视受暴妇女有强大的心理建设能力并有信心对抗组织的不作为。当受暴妇女个体自我觉醒，熟知法律条文，在求助时可以运用法律条文挑战警察的权威性，受暴妇女可以在当下掌握个人的话语权，而不会被动等待帮助。

从策略运用成效比较，开诚布公、寻求权威人士解决、联动家庭成员动手反击要视受暴妇女的非正式支持网络是否紧密并能发挥正向的功能；告知同病相怜者即可获得情感支持避免疏离和孤立的感受，同时不需要顾及脸面；算命及改变风水可以暂时舒缓受暴妇女心理上的焦虑，使其积极地面对生活中的困境，并使其将问题外化于风水和命运，但实际是让受暴妇女规训于传统伦理规范；表现弱势获取舆论支持，施压施暴者是受暴妇女逼不得已的方式，紧密联系但发挥负向功能的家人，若要换取众人支持则要在众人面前表现弱势，不惜牺牲脸面；表现强势“倒逼”组织干预要视受暴妇女有强大的心理建设能力并有信心对抗组织的不作为。综合以上，受暴妇女在暴力圈中亦可以发挥个人的主体性去应对暴力。

（三）小结

总体来说，由以上访谈材料可知，亲友在干预家暴时有着其优势，能为妇女提供情感支持、制止暴力等功能，增强受暴妇女反抗暴力的能力及信心。但非正式支持系统发挥的功能并非总是正向的，非正式支持系统以调解、劝说为主，劝导妇女隐忍于家暴中的现象常常出现，有些亲友抱有外人不好干预家务事的观念不愿协助，甚至有些反过来责难受害者，并且施暴者在这个过程中亦会通过恐吓等手段，影响施助者的效果。年龄越大的女性，非正式支持系统支持妇女离开暴力圈的可能性越低。

在正式支持系统方面，受暴妇女对反家暴中心的评价最为正向，能提供全方位的服务，受警察、妇联、村委、医疗、律师、法院及庇护所等系统的服务个人素质、能力、投入以及使用资格等因素所影响，既有促进受暴妇女解决暴力问题，亦存在阻碍因素。此外，医疗、律师多为付费使用，一般受暴妇女难以支付，司法系统对于受暴妇女而言陌生且缺乏人文关怀，同样阻碍受暴妇女使用。在应对方式中，受暴妇女可采取七种求助策略，每种策略可为受暴妇女满足不同的需要。

六、文化视角下受暴妇女求助行为模式建构

结合以上的讨论勾勒出本书受暴妇女求助行为模式。主要包括以下四部分：

第一，受暴妇女求助前。求助前主要探究受暴妇女如何觉知并定义暴力问题，进而决定寻求帮助，最后确定适当的支持来源，过程模式将求助视为非线性的过程，并包含一个反馈循环。第二，除了以上阶段外，研究还发现随着时间的推移，受暴妇女会依据个人的不同需求选择

不同的施助对象，施助对象的不同反应以及施助成效影响受暴妇女后续资源的选择，并且会成为促进受暴妇女的求助或成为障碍并在不同的过程中影响受暴妇女的认知及行动。第三，求助行为的发生不仅是求助者及施助者双方互动，施暴者亦会影响受暴妇女的求助行为，受暴妇女在这个三方互动中亦有其主观能动性，会发展一些个人的应对策略。第四，文化作为一个更广的视角，通过受暴妇女、施助者及施暴者的互动渗透到各个过程中。根据研究发现整理出过程视角下的受暴妇女求助行为模式——华人文化观点（见图 4-4）。

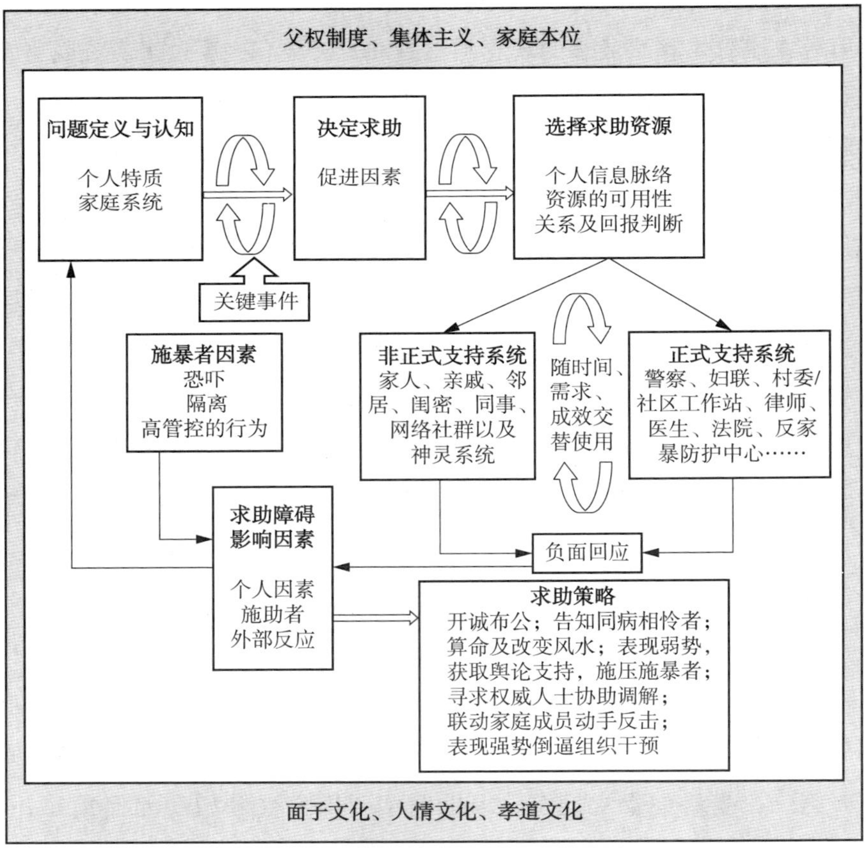

图 4-4　过程视角下受暴妇女求助行为模式——华人文化观点

资料来源：笔者自绘。

第五章

结论与建议

第一节

结 论

结合研究结果，本书得出以下结论：

（1）受暴妇女的求助过程包含求助前对问题的定义与认识、决定求助、选择求助对象等。

受暴妇女在求助过程中有不同的因素，在对问题的定义与认识中，受到负向的个人特质、早年成长经历、施暴者恐吓及高控行为、家庭系统情境因素以及传统性别角色定型以及面子观的交互作用，最终影响受暴妇女正常化、合理化看待暴力问题，或对暴力问题高度的容忍；在受暴妇女决定求助时，关键事件促使其决定求助，关键事件大多为当下发生让受暴妇女觉知个人或其子女人身安全受到威胁有关，此外，还包含正向的个人特质、自尊受伤、身心问题突出、孩子人身安全考量以及家庭系统变化促进性影响。选择求助对象的影响因素则包含个人的信息脉络、个人人际关系网络以及环境中的资源可得性、人际关系的紧密程度以及回报的判断。

（2）受暴妇女求助对象包含正式支持系统和非正式支持系统，非正式支持系统中特别是娘家 / 婆家是受暴妇女求助的第一选择。

本书结果表明，受暴妇女优先寻求非正式支持网络，非正式支持系统中，娘家 / 婆家是受暴妇女求助的第一选择，其次农村地区选择亲戚及邻里，城市地区的受暴妇女倾向求助朋友或同事，神灵系统亦是求助对象之一。在求助初期，非正式支持系统是受暴妇女非常重要的资源。在正式支持系统方面，受暴妇女最常求助的资源是警察，继而是妇联、医院、法院等系统，可见受暴妇女的选择会随着受暴妇女的需求而有所不同。

（3）随着时间的推移，受暴妇女的需求及求助对象有所不同。

本书发现，受暴妇女共呈现19种多元的求助需求，归为情绪支持、咨询、金钱及问题解决四类。受暴妇女的需求随着时间的推移而变化，初期多以求助非正式支持为主，以满足个人情感支持、家事调解及制止暴力；随着暴力的严重化，求助中期保障人身安全、医疗及庇护等需求凸显，非正式支持逐渐无法给予受暴妇女帮助，或效果不佳。此时，受暴妇女从求助非正式支持系统转向求助正式支持系统，并且在暴力中后期，受暴妇女问题解决需求强烈，情绪支持需求下降，若正式支持系统仍无法解决受暴妇女的需求，受暴妇女会交叠使用两种系统资源，离婚并不意味着暴力的结束，子女照顾、经济援助甚至复婚等其他需求会在离婚后再出现。

（4）正式支持系统及非正式支持系统功能的发挥会影响受暴妇女的求助行为。

在功能发挥上，亲友的支持会增强受暴妇女反抗暴力的能力，但是非正式支持系统在制止暴力功能上并非都发挥正向的功能。若受暴妇女受到非正式支持系统的冷落，可能会导致施暴者变本加厉地伤害受暴妇女，造成恶性循环。同时，受暴妇女年龄越大，非正式支持系统支持妇女离开暴力圈越低；暴力持续时间越长，非正式支持系统发挥的功能越弱，受暴妇女可用的非正式资源呈现递减效应。在正式支持系统方面，暴力严重化是受暴妇女进入正式支持系统求助的主要原因，正式支持系统提供的服务成效不一，若成效较佳，受暴妇女会持续使用正式支持系统的资源，若成效不佳，受暴妇女会在正式支持系统和非正式支持系统中交叠式求助。

（5）受暴妇女的求助障碍包含个体内在因素、施暴者行为、外部回应及文化层面。

在个体内在因素方面，对暴力的无助感、内化的自责、经济困境、保护家庭中诸多考量以及个人成长经历制约受暴妇女求助行为。在施暴者行为方面，施暴者采取的隔离、恐吓等高管控的行为限制了受暴妇女的社交行为，致使受暴妇女产生一系列的心理障碍限制其求助行为。在外部回应方面，包含亲友负面的反应如合理化暴力问题、责备受害者等，这些都源自父权制下男性对女性暴力文化的容忍所致；正式支持系统的负面反应则包含警察的不作为、执法不公、司法程序过程烦琐，取证困难、律师费用高昂，社区资源的回应性不足，维权及反家暴专项服务不足、信息匮乏、缺乏人文关怀的服务输送等。

（6）华人文化在求助行为不同阶段都呈现抑制效应。

华人文化在求助行为的不同阶段都呈现抑制效应。华人文化抑制受暴妇女求助行为首先表现在妇女对个人需求的牺牲，在个人需求的觉察上较为滞后，通常以隐忍暴力为主。在集体主义、面子文化、孝道文化影响下，受暴妇女对问题的定义常常与家庭荣誉相联结，而家庭/亲属以及社会对暴力的容忍态度，通过人际作用进一步抑制了受暴妇女的求助行为。

（7）受暴妇女有能动性，可发展出其个体的求助策略。

在面对不同障碍时，受暴妇女会采用开诚布公、算命及改变风水、表现弱势、寻求权威人士协助调解、联动家庭成员动手反击等策略，此外，运用过往成功经验、表现强势“倒逼”组织处理则使妇女在逆境中找寻到求助策略，这些策略的运用与优势视角下的社会工作不谋而合，即哪怕身处困境，受暴妇女仍有其韧性及能力，社会工作者应视受暴妇女为有能力的主体，在为其提供服务时应重视受暴妇女的能动性。

（8）受暴妇女求助行为模式包含求助过程、求助障碍、应对策略及文化影响四部分。

该模式包含过程视角，将受暴妇女的求助行为分为求助前的知觉并定义暴力问题、决定寻求帮助、确定适当的求助对象，过程模式将求助视为非线性的过程，并包含一个反馈循环。受暴妇女会依个人需求、暴力的时间以及求助成效使用非正式支持系统或正式支持系统。此外，受暴妇女的求助行为受到自己与施助者、施暴者三方的互动所影响，三方的交互作用对受暴妇女求助行为产生促进或阻碍因素，受暴妇女在障碍中能发挥个人主体性，发展个人的应对策略。文化作为更广的视角，通过受暴妇女、施助者及施暴者的互动渗透到各个过程。

第二节

建　议

从上述分析可知，家庭本位及自力更生的求助观念，通过集体主义与面子文化深刻影响受暴妇女的求助行为，父权社会建构下的文化具有高度的性别压迫性，通过人际关系及个人严重影响受暴妇女从认识及定义暴力问题到求助行动整个历程，并对妇女的个人、人际关系及社会福利产生负面影响。与此同时，外部环境的不友善，也会为受暴妇女求助之路蒙上层层障碍。探寻受暴妇女的求助行为影响因素及求助行为模式，其目的是通过实践帮助受暴妇女更好地脱离暴力圈，提升服务输送的质量。

Grigsby 和 Hartman（1997）从结构层面开始分析受暴妇女遭受的障碍，发现环境中的障碍应优先破除，若在处理外部障碍之前，先关注更多的内部障碍，这将增强受害者被孤立和自责的感觉，即她觉得自己有问题，或者她的历史导致她受到虐待。为此，下文先从环境中的政策面再到实务面提出建议。

一、政策面

鉴于父权制度下的社会文化情境对社会大众观念及受暴妇女的影响并非朝夕可变，家庭暴力的发生又具有复杂性，故反家庭暴力干预需要多部门自上而下的联动。

（一）关注家庭中性别权利，建构相关的家庭政策

父权制度下的传统的两性性别分工，使得女性在家庭照顾议题上难以分割，为此，在政策层面，应该回应的不仅是“家暴 = 犯罪”的问题，还需要关注家庭中性别权力的议题。《反家庭暴力法》缺乏性别权力的相关议题及相关的承接性服务，致使不同部门的服务提供者，在落实《反家庭暴力法》的观念和态度上产生极大的断裂，出现两极化现象。例如，进入反家庭暴力防护中心的 4 位妇女的感受，她们同时接受过警察以及社工提供的服务，警员作为执法部门所传达出来的家务事不好干预以及冷漠的态度，与社工在反家暴中心提供服务时，处处考虑受暴妇女返家安全、儿女安全、心理能力建设以及政策倡导形成强烈的对比，感受性差异甚大，但这些都是政府推动《反家庭暴力法》下基层的服务。另外，如阿妹，妇联干部及村委书记和研究者一同上门，当受害人谈及希望离婚时，妇联干部及村委书记以让她“多想想”孩子，离婚后孩子没爹没娘之类的话语劝说受害人。可见，基层警察及妇联、村委干部在服务过程中抱持的传统性别观念，无形中成为施暴者的“帮凶”，深刻影响提供服务的质量。为此，在政策面中应该关注两性性别权力的议题，在敦促各级公权力部门切实执行《反家庭暴力法》的同时，在政策上还需要细致化的性别态度、两性分工、家庭照顾责任的探讨，制定更为全面的家庭政策。

（二）注重建构“预防为主、防治结合”的反婚姻暴力服务架构

我国虽实施《反家庭暴力法》已有 8 年多，但在服务干预上更为注重解决危机个案，五级妇联在家庭暴力事件的呈报上，仅需要呈报造成社会负面影响大，或对受暴妇女造成严重性伤害的个案，作为典型个案上报，其他个案通常不纳入往上通报的数据。《反家庭暴力法》所罗列出的不同社会部门的预防性功能，实际条文宽泛空洞，在预防工作推动上，

目前仅以妇联将反家暴作为主要的“抓手”，亦因此，大众对家庭暴力发生率的认知与实际发生率有较大出入，若要避免出现本书受暴妇女求助障碍：预防性的服务不足，导致传统性别观念通过人际互动，进一步内化于受暴妇女个人认知，阻碍受暴妇女获取求助资源及求助受阻碍的情况。

本书认为，应该注重建构“预防为主、防治结合”的反婚姻暴力服务政策架构，结合家庭暴力具有的长期性、反复性及高隐匿性的特点，协助受暴妇女脱离婚姻暴力困境。建构预防性的反婚姻暴力服务架构，采用预防性思维贯穿在暴力预防及暴力后的干预之中。在预防层面，首先应着重破除由传统性别观念带来的迷思，通过倡导性政策或集体行动改变传统社会观念；其次在暴力发生后，预防暴力的反复性及代际性，从政策上落实不同公权力部门在反家庭暴力中的预防职责，并积极介入暴力初期，防止暴力的进一步恶化，保障受暴妇女的人身安全；应提供保障促进受暴妇女改善自身困境的机会，远离暴力的支持性环境。

（三）制定正式部门联动的协作式服务干预反家庭暴力模式

多元主体参与是反家暴防治的关键，在政策上应推动公权力部门积极参与到反家庭暴力中，制定联动妇联、公安、法院、医院、民政、教育、团委、社区、村委等多部门协作。

目前我国主要依靠妇联及妇联购买社工提供的反家暴项目服务干预家庭暴力，基层社区、村委亦在自行的工作职责内开展对受暴妇女的服务，但是整体缺少多部门联动协作的工作模式，服务呈现被割裂的状态。如访谈中的受访对象虽没有获得警察满意的处理，但是受暴妇女所在社区的正式部门间完善的转介机制，让妇女进入反家暴中心，获得了更好的服务。

为此，应建立多部门联动协作的工作模式，将独立行事的政府职能整合联动起来，多部门协作，彼此支持，互为转介，建立规范的工作制度，根据家庭暴力发生的不同阶段，从预防到初步介入，再到医疗救助、心理干预，采取分级干预服务策略，部门之间彼此联动协调，形成完整的工作程序和协作模式。例如深圳鹏星反家暴防护中心，通过联动基层社区、司法及公安，并在这些系统中建立三级预防机制，一级预防针对家庭暴力伤害较轻的妇女，可通过基层执法人员、基层社区工作人员进行家事调解而缓和暴力，并跟踪暴力发展；二级预防针对暴力较重的妇女，经基层执法人员、社区人员评估后可转介至反家暴防治中心；若是评估为三级高危群体，则启动多部门协调干预工作。

多元主体参与到反家暴干预服务中，具有执法权的基层民警，对施暴者最具震慑力，以及是受暴妇女求助最多的正式支持系统，常被诟病拒绝受理家庭暴力的比率较其他网络高（戴世玫，2013）、执法简单粗暴（刘昱辉，2017）。

因此，联动机制中，公安系统应加强基层干警的家庭暴力干预教育，在反家暴联动机制中积极参与联动会议，了解社会组织如何柔性介入受暴妇女服务过程，一来可以了解《反家庭暴力法》中不同职能部门反家庭暴力相关服务输送手法、资源及服务内容；二来可以强化基层干警反家庭暴力的观念，再来了解不同部门的工作困境以及公安系统可配合之处，使得基层干警获得不一样的观点、信念；此外，公安系统应推动基层派出所统一设立独立的反家庭暴力站服务窗口，让受暴妇女在求助时能更有安全感地进行笔录，三来可以通过培训提高在证据收集和保存过程中的工作水平，避免二次伤害；将系统之间的联动落实成多部门共识并建立相关制度，开展依靠法律手段转介服务等形成干预模式的多样化和提升干预工作的有效性。

（四）统筹社会福利资源，形成区域间联动，提高服务覆盖率，减少区域社会福利服务的差异性

如同讨论部分所呈现受暴妇女相关的福利服务输送严重不足，各地的服务方式、服务水平参差不平，越是下沉基层的专业服务人士，其文化层次及服务意识与市 / 区级工作人员越存在明显落差；庇护所入住审

批手续烦琐，受暴妇女缺乏这些服务的求助途径；同时，区域之间的服务存在割裂状态，如广东某区反家暴防护中心资金及资源较为充足，但仅面向此区户籍或居住于此区受暴妇女开放。虽说在省级层面有其他反家暴中心面向全省开放，但是很多受暴妇女难以承担跨地区求助的费用；这些都是阻碍受暴妇女求助的外部因素之一。

为此，在相关的社会福利资源方面，应推动区域间联动及整合，将受暴妇女求助后所需要的资源做完整性讨论，并形成区域间的共识、区域间资源共享，减少服务申请条件及服务等待期。市 / 区需支持镇街、社区 / 村的服务，区级资源亦应该互通，避免区域资源差异，以期为受暴妇女提供全面的优质服务。

（五）增加家庭照顾服务与受虐儿童 / 目睹暴力儿童议题的政策

《反家庭暴力法》规范了不同的服务提供者在反家暴中的职责及角色。例如，司法系统以惩处施暴者并颁发人身安全保护令为主；基层民警以执法并出具告诫书、警示施暴者为主；妇联、村委 / 居委以进行家事调解为主。在预防性上，学校、社工机构负有举报并对受暴人进行心理辅导的职责。虽目前的反家暴体系涵盖“惩处—调解 / 受暴人服务—预防”服务，但却缺乏破除或改善女性由传统性别角色带来的照顾者的压力。现今社会，对女性强调在经济上独立、自主、自强，但另一面当下又无法对女性提供环境上的支持，使得女性在自立与传统性别角色之间对女性的束缚形成拉力。家庭调解又落入劝告女性维系在婚姻的圈套中，除了劝说，并无针对缓和女性照顾者角色的相关托育服务及持续性的受暴妇女就业服务支持。妇女常因养育儿女存在经济困境而无法离开施暴者。这也是前面研究中，发现不少受暴妇女认为妇联提供服务无效的重要因素之一。

为此，在家庭照顾方面，应多加探讨及关心女性由在传统性别角色下带来的照顾压力，发展家庭照顾服务，特别是初婚家庭，应积极探讨发展家庭托育服务措施，使受暴妇女在家庭照顾角色、经济问题及暴力圈的多重拉力中得以解放。社区可以对经济困难的受暴女性提供帮扶，包括生活援助、住房支持等，将其纳入社会救助的范围，以免受暴女性因为经济贫困而陷入无助的状态。

此外，受虐儿童 / 目睹暴力儿童服务常常在受暴妇女服务中被忽略。本书发现童年受虐或目睹家庭暴力的受暴妇女，其成长后在面对家庭暴力时容易合理化、正常化暴力。为此，教育系统、妇联系统、团委系统应发展增加对受虐儿童 / 目睹暴力儿童的关注，增设心理辅导，减少孤立无助。

（六）开发友善的安全职场、开辟多元庇护场所

如上所述，经济困境是受暴妇女求助障碍的影响因素之一，主要呈现在女性的家庭照顾压力致其陷入经济困境无法脱离暴力圈，与此同时，施暴者通过干涉受暴妇女的职场，致使其不能正常工作，使得受暴妇女罹恐影响他人而返回暴力圈。为此，要破除这些障碍，鼓励女性走向独立，应积极开发对受暴妇女友善的安全职场。这些推动可以以负责受暴妇女工作的妇联为抓手，联动当地相关资源，鼓励富有社会责任感的企业，开辟符合受暴妇女的工作机会，并且所在工作环境能理解受暴妇女的处境，不畏惧施暴者对受暴妇女进行职场骚扰行为。另外，可以结合当地社区资源，设置庇护所。城市可利用救助站或社区工作站设置临时庇护中心，农村可将空置校舍改造成临时庇护所，为逃离暴力过程中无家可归的受暴妇女提供安身之处。

（七）提升基层工作人员的社会性别意识及工作手法的精细化

根据研究发现，受暴妇女采取求助行为时，正式支持系统的回应中警察的不作为、执法不公、消极处理、流于劝说等现象是求助障碍的重要因素，受暴妇女求助正式支持系统的成效会影响其是否继续使用正式支持系统。为此，提升基层工作人员的文化敏感性及工作手法的精细化

显得非常重要，可以避免因不同系统的观念不同，而影响服务成效。

首先，应加强基层执法者、妇联、社区、村委工作者的社会性别意识和反家庭暴力的责任意识，提升他们的理论水平和实际工作能力。避免出现施助者认同“家庭暴力是家务事”的不作为观念，提升积极、主动干预家庭暴力的意识，建立“家庭暴力不是家事，干预家暴人人有责”的责任意识。从访谈者中可知，受暴妇女常将暴力归咎于个人，或通过施助者的责备将传统的性别角色责任内化。特别是大众观点，认为“家暴是家务事”的观念阻碍了家暴受害者求助。公众对于结束受虐关系的复杂性缺乏认识，认为受虐妇女有能力离开，这样的公众认知造成了“责备受害者”的问题（Worden and Carlson，2005），即施暴者、家庭、公众人物乃至整个文化都责怪受害者多于责怪施害者。

正式支持系统的服务提供者要谨慎个人立场是否会增加受暴妇女为难的处境，为此，公安、妇联、社区、村委等单位，应通过全面深入的培训，提升专业工作者具备社会结构、性别意识的理念，反家庭暴力服务上的认知、态度与伦理。此外，针对不同的系统应开发相关的持续性的继续教育，不断提升专业人员的专业养成。

那么服务提供者在为受暴妇女提供服务时，应具备对其所在文化的深刻理解和敏感性。即服务提供者能够深入理解并感知案主在其特定文化背景下对问题的看法、世界观以及信仰体系，这也就是所谓的文化能力。文化能力被定义为“一种过程，借此个人和系统对各种文化、语言、阶级、种族、族群背景、信仰、灵性传统、移民状态及任何影响个人、家庭和社区的价值的多元因素进行有尊严的和有效的反应，保护和保存他们的尊严”（郭伟和，2020）。为此，无论是以情感支持为中心还是以问题解决为中心的妇女求助行为，其中受到华人脸面文化的影响，那么在针对受暴妇女进行干预时，服务提供者提供服务应特别考虑关于自力更生、集体主义、“家丑不可外扬”等以面子主导受暴妇女生活情境的社会价值观念，理解受暴妇女在传统性别角色下承担婚姻、母职的道德规范以及对自我的定义，以强调保护家庭的需要所带来的种种担忧，特别是曝光家庭暴力对个人、家庭、社区甚至祖先脸面造成损伤的考量。只有提高服务的精细化程度，服务提供者才能有效地沟通和理解，随时确认尊重妇女的想法与感受，才有可能真正帮助受暴妇女，确定服务提供者处理方式未违背受暴妇女的想法，在事件的处理过程中尽可能让受暴妇女一起参与、学习。受暴妇女亦应被告知其有权利随时提出想法、意见与感受。

二、实务面

（一）通过公共教育破除传统观念，促进年青一代对性别平等的认识

亲密关系暴力研究其最终目的是预防（Lewis and Fremouw，2001；Shen，2011）。基于本研究结果，受暴妇女初期更倾向于向非正式支持系统求助，因此，公共教育是非常重要的一步，需要在社会大众中传播关于暴力的教育，让社会大众意识到亲密关系暴力的概念及其破坏性后果，这样当亲密关系暴力受害者向家人 / 朋友求助时，这些非正式支持系统更有可能作出适当的回应。

其次，文化并非固定的，而是流动的，这一代人的文化不同于前几代人的文化（Rimonte，1991；Shen，2011）。Tang 等（2002）先前的一项研究发现年轻和受教育程度较高的中国人比年长和受教育程度较低的中国人更有可能拒绝各种文化神话，反对指责受害者的解释。受过教育的年轻人可能有潜力改变中国人认为妇女是暴力行为合法受害者的观念（Tang et al.，2002）。为此，公共教育计划应强调男性的自我控制，反对家庭暴力、倡导男女在家庭和社会中的平等权利。公共教育中应该纳入性别平等，特别是避免责备受暴者的解释，改变大众文化观念，对暴力零容忍，追究施暴者的责任，而不是指责受暴者。

由于信仰和观念通常是在生命的形成阶段发展和逐步演变的，因此，应在中小学就纳入具有性别问题有敏感认识的课程，只有社会发展出尊

重妇女尊严的文化，并为妇女的自我实现和自由表达感情提供机会，才能慢慢克服这种男女不平等的现状。

（二）通过社区教育运营社会舆论压力及宣教活动，提供求助途径，减少家庭暴力发生

注重运营社会舆论压力，降低家庭暴力。中国文化属于高语境文化，在高语境文化中，人们非常关注周围的环境，包括靠社会地位、历史和社会环境来引导他们的行为（Hall，1983）。在高语境文化中，社会谴责虐待配偶对防止亲密关系中的暴力极为有效，因为社会对虐待配偶产生了社会压力。Lee（2000）针对美国华人社区开展反家暴研究发现，这种态度上的改变可以从根本上改变中国社区中虐待行为的动态。

为此，社会工作者应着重破除文化中“家庭暴力是家庭事务”的观念，在社区中大力宣传家庭暴力对个人及其子女的严重危害，以及虐待事件所涉及的法律后果，从长远来看，将会减少虐待事件的发生，并增加社区对施虐者的压力，要求他们停止虐待行为。例如，可以通过组织社区反家暴宣传教育活动（如教育剧场、游戏、文艺汇演、海报宣传册等），开展喜闻乐见的活动、聘请专业人士宣传，也可以通过网络媒体倡导、运用公众号定期推送相关推文，强化男女平等，提高大众对家庭暴力的认知。提倡以合理、合法的途径处理家庭问题，同时普及经营婚姻的技巧，以及应对家庭暴力的常识与方法，从源头减少家庭暴力的发生，改变群众对家庭暴力的传统认知，形成强大反家庭暴力的社会基础，增加反家暴的社会力量。通过积极外出宣传，制造社会与舆论压力有助于减少家暴，此外，通过外出宣传，亦可能增加受暴妇女接触社会服务的途径，破除受暴妇女缺乏求助途径、求助信息这一障碍。

此外，机构应主动为受暴妇女提供高质量的服务，而非被动等待受暴妇女上门求助。石彤（2010）的研究发现，主动求助的妇女得到机构提供的服务是没有主动求助妇女而得到机构提供服务的 5.6 倍，机构更倾向于受暴妇女主动求助才提供服务。因此，若机构不是被动等待受暴

妇女上门求助，而是能够走出机构，积极寻找受暴妇女，主动为受暴妇女提供高质量的服务，才算是上乘的服务。

（三）建构紧密—正向支持性的非正式支持系统

需强化非正式支持系统对受暴妇女的支持、开展同质性互助支持团体有助于受暴妇女获得情感支持以及问题解决的方法。从本研究中可知，家人是受暴妇女非常重要的支持网络，那么社会工作者在服务中应注重非正式支持网络对受暴妇女的支持，包括情绪支持、经济援助、短期中期的庇护、子女照顾、提供建议等，促进家庭自助。

邻居在制止暴力。家事调解、经济援助及庇护等方面是受暴妇女的重要支持力量，但从城市来看，流动人口多，文化背景、职业等差异性较大，邻里之间的互动也随之降低，邻里关系疏离，极少有邻居会主动施救或协助报警。为此，在服务上亦要纳入邻里议题，积极促进、增进邻里支持，可通过设计邻里互助项目的方式，如中国好邻居、乐邻计划等，综合开展个案、小组与社区社会工作服务来促进邻里之间的沟通。在个案工作方面，主要针对在社会交往方面存在困难的受暴女性，协助其建立与邻里的关系。同时，通过小组活动、社区宣传与教育活动等，搭建邻里沟通与互助的平台，营造邻里相互关怀的社区氛围，同时在项目中加入家庭暴力的预防与处置的内容，充分发挥邻居在家庭暴力识别与救助方面的功能。

开展同质性互助支持团体，引导受暴妇女实现助人、自助、互助的目标，在服务中赋权于受暴妇女，使其展现自主性和自信心，学习在困境中不断自我康复，正向发展个人特质与能力，勇敢面对未来挑战；使受暴妇女从助人成就感中，肯定自我价值，满足受暴妇女受他人肯定和尊重的需要；启发受暴妇女分享身心康复经验，相互传递正向力量或能量，彼此成为支持资源，相互赋权，组成自助团体，发出共同的声音，帮助更多的妇女走出暴力阴影。

（四）为受暴妇女提供改善困境，注重能力提升的个案服务

受暴妇女若抱持着“男主外，女主内”的传统观念，是难以接受这些观念以外的思想的，为此，若透露自己的婚姻不幸，会担忧受到嘲笑与孤立。同时，在她们所嵌入的社会文化环境中，被施暴者的重要他人和外部力量加强了这种恐惧，文化的交互影响使得受暴妇女不轻易对外求助。

在干预过程中，首先，应采取对性别问题敏感和对文化敏感的做法，同时考虑这些受暴妇女的社会和文化取向及其恐惧的压抑。社会工作者要能倾听受暴妇女的内心世界，同理她们所遭受的经历，理解她们不轻易对外披露婚姻的情况。如 Yick 等（2003）建议，当与亲密关系暴力受害者一起工作时，建立融洽关系的第一步是承认受害者的内疚感、羞耻感、丢脸感、疑惑感和寻求帮助的矛盾心理。为此，社会工作者必须努力以对她们不具威胁的方式接触她们，减少她们对披露的恐惧，允许她们在自由的环境中表达。

其次，在为受暴妇女提供干预服务时，要考虑短期提升受暴妇女的自救能力，长远则考虑如何协助受暴妇女减少压迫感，扩大可能性和选择性，建立一个足够强大的自我，使其不再依赖客观化的自我，这些问题应该成为受暴妇女服务的目标。若经济困境、孩子考量等是影响受暴妇女求助的重要因素，那么妇女视角下的干预方式较为贴近受暴妇女。“妇女视角”和“家庭视角”都是受暴妇女干预理论中的常见理论，其中妇女视角根源于女性主义理论，政策和服务取向是“角色改变”，通过工作培训、住房和育儿服务、赋权型心理咨询等促进妇女角色从依赖性向独立性改变；家庭视角将妇女受虐视为家庭功能不良所致，政策和服务取向是“角色平等”，短期目标是保护家庭成员中的权力较弱者，长远目标是促进家庭成员的关系和谐，其将家庭咨询作为核心策略，另外包括法律保护（如逮捕施暴者）、庇护所等（Davis and Hagen，1992；陈安娜和郜宪达，2020）。为此，短期服务中可注重提升受暴妇女自主意识及

维权意识，改善日常生活中的沟通协调方式，重建家庭关系和人际网络，提高自我救助能力。长期服务中因积极使用赋权模式，改变妇女的传统观念，挑战传统的以男性主导的性别角色意识显得尤为重要。

最后，看重受暴妇女在应对暴力中的正向经验。对受助者进行帮助时强调将关注点聚焦在受助者身上，尽可能发挥受助者自身的能力和优势，并利用受助者的这些优势来进行自我帮助和发展（闻英，2005），特别是受暴妇女在现有文化影响下的自救策略及求助策略，为自己增加自救及制止暴力的经验。

附 录

访谈大纲

一、个人基本资料

个人基本信息：

你的姓名、年龄、户籍地、居住地、教育程度、职业、收入、婚姻状况，是否有孩子；你丈夫（前夫）的年龄、职业、户籍地、居住地、教育程度、职业、收入。

居住状况（是否与家人同住）。

二、家庭暴力经验

你与他结婚多久了？你当初怎么认识他的？为什么会决定与他结婚？

你能否谈一下你遭受家暴的经历？第一次遭受家暴是什么时候？当时发生了什么事情？他是怎样对你施行家暴的（殴打、骂你、摔东西、恐吓你等）？

在那次过后，通常丈夫在什么情况下会对你家暴？

家暴你时，你的反应是什么？你的想法、感受是怎样的？

家暴你以后，他的反应是怎样的？

他通常间隔多久会家暴你？最近一次是什么时候？第一次家暴到现在多久了？

他对你施行暴力后，你们的关系现在怎样？

他对你施行的暴力对你造成怎样的伤害（生理伤害、心理伤害）？

你觉得这个行为对你还产生什么影响？

三、决定求助

你认为家暴的原因是什么?

在遭受家暴后你的想法是什么?有没有想过要如何处理这个问题?什么事情曾让你觉得你应该避免被打?你用了什么方法去避免暴力的严重性?

家暴发生后,你第一次向别人求助的原因是什么?你向谁求助了?之后你还向谁求助了,你向他人求助的原因是什么?你觉得面子对你决定求助是否有影响?决定求助时,会担心以后要还人情给别人吗?

四、求助过程

周围有哪些人知道你的家暴?他们如何知道你遭受家暴的?你是否会告诉他们?

你向哪些朋友、邻居、娘家、同学、亲戚、同事等说过自己被丈夫家暴的事情?

什么原因让你向他们说自己被家暴的事情?

你第一次准备找他们帮忙时,当时的心理感受是怎样的?你所担心或者考量的是什么?求助的时候是否会考虑她们是如何看待你的?在找他们帮忙时,是否遇到过困难或者阻力?

他们分别给予你什么样的帮助?你觉得向他们求助的过程中,哪些帮助是对你最有用的?为什么?哪些帮助对你是没有用的?为什么?

你求助的人里面会和你说面子的问题吗?你求助的人如何看待你遭受的家暴行为?

这些求助过程,对你被丈夫家暴有什么影响?有所改善吗?

求助后对你和丈夫的关系是否有所影响?

你找过妇联、村委、社区工作站、派出所、律师、受暴妇女庇护所等，和他们说过你被丈夫家暴的事情吗？

请你谈谈向他们求助的过程？他们会给你提供帮助吗？

你求助后现在的生活或人际是否有所改善？

按照你的求助经验，你会给受暴妇女哪些建议？

参考文献

[1] Abramsky T., Watts C. H., & Garcia–Moreno C. (2011). What factors are associated with recent intimate partner violence? Findings from the WHO multi–country study on women's health and domestic violence. BMC Public Health, 11 (1):109.

[2] Abbey A., McAuslan P., & Zawacki T., et al. (2001) Attitudinal experiential, and situational predictors of sexual assault perpetration. Journal of Interpersonal Violence, (16): 784–807.

[3] Ackerman J., Love T. P. (2014). Ethnic group differences in police notification about intimate partner violence. Violence Against Women, 20 (2): 162–185.

[4] Adegbite O. B., Ajuwon A. J. (2015). Intimate partner violence among women of child bearing age in Alimosho LGA of Lagos State, Nigeria. African Journal of Biomedical Research, 18 (2): 135–146.

[5] Ahmed A. T., McCaw B. R. (2010). Mental health services utilization among women experiencing intimate partner violence. The American Journal of Managed Care, 16 (10): 731–738.

[6] Alaggia R., Regehr C., & Jenney A. (2012). Risky business: An ecological analysis of intimate partner violence disclosure. Research on Social Work Practice, 22 (3): 301–312.

[7] Andersen R. M. (1995). Revisiting the behavioral model and access to medical care: does it matter? Journal of Health and Social Behavior, 1–10.

[8] Anderson D. K., Saunders, D. G. (2003). Leaving an abusive partner: An empirical review of predictors, the process of leaving, and psychological well–being. Trauma, Violence, & Abuse, 4 (2): 163–191.

[9] Ansara D. L., Hindin M. J. (2010). Formal and informal help–seeking

associated with women's and men's experiences of intimate partner violence in Canada. Social Science & Medicine, 70 (7): 1011–1018.

[10] Archer J. (2006). Cross–cultural differences in physical aggression between partners: A social–role analysis. Personality and Social Psychology Review, 10 (2): 133–153.

[11] Bacchus L., Mezey G., & Bewley, S. (2003).Experiences of seeking help from health professionals in a sample of women who experienced domestic violence.Health and Social Care in the Community, 11 (1):10–18.

[12] Bamiwuye S. O., Owoeye O. M., & Oyiboka I. A. (2015). November–December). Male dominance, help seeking behavior among abused women and termination of pregnancy in sub–Saharan African countries. Paper presented at 7th African Population Conference, Johannesburg, South Africa.

[13] Bamberger P. (2009). Employee help–seeking: Antecedents, consequences and new insights for future research Research in personnel and human resources management (49–98) : Emerald Group Publishing Limited.

[14] Barrett B. J., Pierre M. S. (2011). Variations in women's help seeking in response to intimate partner violence: Findings from a Canadian population–based study. Violence Against Women, 17 (1):47–70.

[15] Bennett L., Goodman L., & Dutton, M. A. (1999). Systemic obstacles to the criminal prosecution of a battering partner: A victim perspective. Journal of Interpersonal Violence, 14 (7): 761–772.

[16] Beaulaurier R. L., Seff L. R., & Newman F. L.,et al. (2007). External barriers to help seeking for older women who experience intimate partner violence. Journal of Family Violence, 22 (8): 747–755.

[17] Beaulaurier R. L., Seff L. R., & Newman F. L. (2008). Barriers to help–seeking for older women who experience intimate partner violence: A descriptive model. Journal of Women & Aging, 20 (3–4): 231–248.

[18] Birkley E. L., Eckhardt C. I. (2015). Anger, hostility, internalizing negative emotions, and intimate partner violence perpetration: A meta–

analytic review. Clinical Psychology Review, (37): 40–56.

[19] Bond M. H. (1991). Beyond the Chinese face: Insights from psychology, Oxford University Press, USA.

[20] Bui N. H. (2003). Help–seeking behavior among abused immigrant women: A case of Vietnamese American woman. Violence Against Women, 9 (2): 207–239.

[21] Burke J. G., Gielen A. C., & McDonnell K. A., et al. (2001). The process of ending abuse in intimate relationships: A qualitative exploration of the transtheoretical model. Violence Against Women, 7 (10): 1144–1163.

[22] Chang J. C., Decker M. R., & Moracco K. E.,et al. (2005). Asking about intimate partner violence: Advice from female survivors to health care providers. Patient Education and Counseling, 59 (2): 141–147.

[23] Cauce A.M., et al. (2002). Cultural and contextual influences in mental health help seeking: A focus on ethnic minority youth. Journal of Consulting and Clinical Psychology, 70 (1) :44.

[24] Chatzifotiou S., & Dobash, R. (2001). Seeking informal support: Marital violence against women in Greece. Violence Against Women, 7 (9): 1024–1050.

[25] Chiu M. Y. (2004). Why Chinese women do not seek help: A cultural perspective on the psychology of women. Counselling Psychology Quarterly, 17 (2): 155–166.

[26] Charmaz K. (2000). Grounded theory: Objectivist and constructivist methods. Handbook of Qualitative Research, (2): 509–535.

[27] Charmaz K. (2008). Constructionism and the grounded theory method. Handbook of Constructionist Research, (1): 397–412.

[28] Chiu, Yu–Lung M. (2004). Why chinese women do not seek help: a cultural perspective on the psychology of women.Counselling Psychology Quarterly, 17 (2): 155–166.

[29] Clark A. H., Foy D.W. (2000). Trauma Exposure and Alcohol Use in Battered Women. Violence Against Women, 6 (1) : 37–48.

[30] Coker A. L., Smith P. H., & Thompson M. P., et al. (2002). Social support protects against the negative effects of partnerviolence on mental

health. Journal of Women's Health and Gender-Based Medicine, (11): 465–476.

[31] Cornally N., Mccarthy G. (2011). Help-seeking behaviour: A concept analysis. International Journal of Nursing Practice, 17 (3): 280–288.

[32] Das A. K., Kemp S. F. (1997). Between two worlds: Counseling South Asian Americans. J. Multicultural Counsel. Dev, 25 (1) : 23– 33.

[33] Dillon G., Hussain R., & Loxton, D., et al. (2013). Mental and physical health and intimate partner violence against women: A review of the literature. International Journal of Family Medicine, 2013.

[34] Duke B. (2005). The lasting effects of witnessing family violence on children and adolescents: California State University, Long Beach.

[35] Dutton D. G., S. K. Golant. (1995). The Batterer: A Psychological Profile. New York: Basic Books.

[36] Durfee A., Messing, J. T. (2012). Characteristics related to protection order use among victims of intimate partner violence. Violence Against Women, 18 (6): 701–710.

[37] Midlarsky E., Venkataramani-Kothari A. N. I. T. H. A., & Plante, M. (2006). Domestic violence in the Chinese and South Asian immigrant communities. Annals of the New York Academy of Sciences, 1087 (1): 279–300.

[38] Ellsberg M., Jansen H. A. F. M., & Heise L., et al. (2008). Intimate partner violence and women's physical and mental health in the WHO multi-country study on women's health and domestic violence. An observational study. Lancet, 371 (9619): 1165–1172.

[39] El-Khoury M. Y., Dutton M. A., & Goodman L. A., et al. (2004). Ethnic differences in battered women's formal help-seeking strategies: A focus on health, mental health, and spirituality. Cultural diversity and ethnic minority psychology, 10 (4):383.

[40] Epstein D., Bell M., & Goodman L. (2003). Transforming aggressive prosecution policies: Prioritizing victims' long-term safety in the prosecution of domestic violence cases. American University Journal of Gender, Social Policy & the Law, 11.

[41] Evans M. A., Feder G. S. (2016). Help–seeking amongst women survivors of domestic violence: A qualitative study of pathways towards formal and informal support. Health Expectations, 19 (1): 62–73.

[42] Fidan A. (2017). Women's Help–Seeking Behavior For Intimate Partner Violence In Sub–Saharan Africa. 博士学位 . Retrieved from Available from.

[43] Fanslow J. L., Robinson E. M. (2010). Help–seeking behaviors and reasons for help seeking reported by a representative sample of women victims of intimate partner violence in new zealand. Journal of Interpersonal Violence, 25 (5): 929–951.

[44] Fleury R. E., Sullivan C. M., & Bybee D. I., et al. (1998). " Why don't they just call the cops? " Reasons for differential police contact among women with abusive partners. Violence and Victims, 13 (4): 333.

[45] Flicker S. M., Cerulli C., & Zhao X., et al.(2011). Concomitant forms of abuse and help–seeking behavior among White, African American, and Latina women who experience intimate partner violence. Violence Against Women, 17 (8): 1067–1085.

[46] Fry P. S., Barker L. A. (2001). Female survivors of violence and abuse: The regrets of action andinaction in coping. Journal of Interpersonal Violence, 16 (4): 320–342.

[47] Franklin C. A., Kercher G. A. (2012). The intergenerational transmission of intimate partner violence: Differentiating correlates in a random community sample. Journal of Family Violence, 27 (3): 187–199.

[48] Frieze I. H., McHugh M. C. (1992). Power and influence strategies in violent and nonviolent marriages. Psychology of Women Quarterly, (16): 449–465.

[49] Fugate M., Landis L., & Riordan K., et al. (2005). Barriers to domestic violence help seeking implications for intervention. Violence Against Women, 11 (3): 290–310.

[50] Fulu E., Warner X., & Miedema S., et al. (2013). Why do some men use violence against women and how can we prevent it? Quantitative findings from the United Nations multi–country study on men and

violence in Asia and the Pacific: Undp, Unfpa, Un Women and UNV Bangkok.

[51] Garcia–Moreno C., Jansen H. A. F. M., & Ellsberg, M., et al. (2006). Prevalence of intimate partner violence: Findings from the WHO multi–country study on women's health and domestic violence. Lancet, 368 (9543): 1260–1269.

[52] Goeckermann C. R., Hamberger L. K., & Baber, K. (1994). Issues of domestic violence unique torural areas. Wisconsin Medical Journal, 93 (9): 473–479.

[53] Gondolf E.W., Fisher E.R. & McFerron J.R (1990). The Help–Seeking Behaviour of Battered Women: An Analysis of 6.000 Shelter Interviews. In E. Viano (Ed.) The victimology handbook: Research findings, treatment, and public policy. Garland: Ney York,113,127.

[54] Gondolf E. W. (2002). Service barriers for battered women with male partners in batterer programs.Journal of Interpersonal Violence, 17 (2):217–227.

[55] Gordon J. S. (1996). Community services for abused women: A review of perceived usefulness andefficacy. Journal of Family Violence, 11 (4), 315–329.

[56] Gourash N. (1978). Help–seeking: A review of the literature. American Journal of Community Psychology, 6 (5): 413–23.

[57] Goodson A., Hayes B. E. (2021). Help–seeking behaviors of intimate partner violence victims: A cross–national analysis in developing nations. Journal of Interpersonal Violence, 36(9–10), NP4705–NP4727.

[58] Grama J. I. (2000). Women forgotten: Difficulties faced by rural victims of domestic violence.American Journal of Family Law, (14): 173–189.

[59] Grayson A. (1993). Accounting for help–seeking: Why are some students reluctant to approach lecturers for help? Nottingham Trent University. Retrieved from Available from.

[60] Grossman S. F., Lundy M. (2003). Use of domestic violence services across race and ethnicity by women aged 55 and older: The Illinois experience. Violence Against Women, 9 (12): 1442–1452.

[61] Guba E. G., Lincoln Y. S. (1994). Competing paradigms in qualitative research. Handbook of Qualitative Research, 2 (163–194):105.

[62] Harris R .N., Bologh R .W. (1985).The Dark Side of Love: Blue and White Collar Wife Abuse.Victimology, 10 (2): 242–252.

[63] Harrison L. A., Esqueda C. W. (1999). Myths and stereotypes of actors involved in domestic violence: Implications for domestic violence culpability attributions. Aggression and Violent Behavior, 4(2): 129–138.

[64] Heise, L., L. (1998). Violence against women: An integrated, ecological framework. Violence Against Women, 4 (3): 262–290.

[65] Henning K. R., Klesges L. M. (2002). Utilization of counseling and supportive services by female victims of domestic abuse. Violence and victims, 17 (5): 623.

[66] Hindin M. J., Kishor S., & Ansara, D. L. (2008). Intimate partner violence among couples in 10 DHS countries: Predictors and health outcomes. DHS Analytical Studies, 18.

[67] Hilbert J. C., Krishnan S. P. (2000). Addressing barriers to community care of battered women in rural environments: Creating a policy of social inclusion. Journal of Health & Social Policy, 12 (1):41–52.

[68] Hutchison I. W., Hirschel J. D. (1998). Abused women: Help–seeking strategies and police utilization. Violence Against Women, (4): 436–456.

[69] Ho C. (1990). An analysis of domestic violence in Asian American communities: A multicultural approach to counseling. Women & Therapy, (9): 129–150.

[70] Henning K. R., Klesges L. M. (2002). Utilization of counseling and supportive services by female victims of domestic abuse. Violence and victims, 17 (5): 623.

[71] Holtzworth–Munroe A., G.L. (1994). Stuart, Typologies of male batterers: Three subtypes and the differences among them. Psychological Bulletin, 116 (3) : 476.

[72] Holtzworth–Munroe A., J. C. Meehan, & K. Herron, et al. Stuart 2003 "Do Subtypes of Maritally Violent Men Continue to Differ over Time? "

Journal of Consulting and Clinical Psychology, 71 (4) : 728–740.
[73] Hoffman K. L., Demo D. H., & Edwards J. N. (1994). Physical wife abuse in a non–Western society: An integrated theoretical approach. Journal of Marriage and the Family, 131–146.
[74] Hsu S. (2005). Help–seeking behaviour of student teachers. Educational Research, 47 (3): 307–318.
[75] Hyman I., Forte T., & Du Mont J., et al. (2009). Help–seeking behavior for intimate partner violence among racial minority women in Canada. Women's Health Issues, 19 (2): 101–108.
[76] Ingram, E., M. (2007). A comparison of help seeking between latino and non–latino victims of intimate partner violence. Violence Against Women, 13 (2): 159–171.
[77] Jayasuriya V., Wijewardena K., & Axemo, P. (2011). Intimate partner violence against women in the capital province of Sri Lanka: Prevalence, risk factors, and help seeking. Violence Against Women, 17 (8): 1086–1102.
[78] Johnson N. (1995). Domestic Violence: An Overview. Family Violence and the Caring Professions.
[79] Johnson H., Ollus N., & Nevala, S. (2008). Violence against women: An international Perspective. New York: Springer.
[80] Johnson M. P. (2008). A Typology of Domestic Violence: Intimate Terrorism, Violent Resistance, and Situational Couple Violence. Lebanon, New Hampshire: Northeastern University Press.
[81] Kaukinen C. E., Meyer S., & Akers C. (2013). Status compatibility and help–seeking behaviors among female intimate partner violence victims. Journal of Interpersonal Violence, 28 (3): 577–601.
[82] Kaukinen C. (2004). The help–seeking strategies of female violent–crime victims: The direct and conditional effects of race and the victim–offender relationship. Journal of Interpersonal Violence, 19 (9): 967–990.
[83] Kaukinen C. (2004). Status compatibility, physical violence, and emotional abuse in intimate relationships. Journal of Marriage and the Family, (66): 452–471.
[84] Kimuna S. R., Djamba Y. K. (2008). Gender based violence: Correlates

of physical and sexual wife abuse in Kenya. Journal of Family Violence, 23 (5): 333–42.

[85] Kishor S., Johnson K. (2006). Reproductive health and domestic violence: Are the poorest women uniquely disadvantaged? Demography, 43 (2): 293–307.

[86] Koenig M.A., Stephenson R., & Ahmed S., et al. (2006). Individual and contextual determinants of domestic violence in North India. American Journal of Public Health, 96 (1): 132–138.

[87] Kishor S., Johnson K. (2004). Profiling domestic violence: A multi–country study.

[88] Kim J. Y., Lee J. H. (2011). Factors influencing help–seeking behavior among battered Korean women in intimate relationships. Journal of Interpersonal Violence, (26): 2991–3012.

[89] Kolenda P. (1993). Sibling relations and marriage practices: A comparison of north, central, and south India. In Nuckolls, C. W., (eds.), Siblings in South Asia: Brothers and Sisters in Cultural Context, Guilford Press, New York, 103–141.

[90] Lee M. Y. (2000). Understanding Chinese battered women in North America: A review of the literature and practice implications. Journal of Multicultural Social Work, 8 (3–4): 215–241.

[91] Lee F. (1997). When the going gets tough, do the tough ask for help? Help seeking and power motivation in organizations. Organizational Behavior and Human Decision Processes, 72 (3): 336–363.

[92] Leung L.C. (2015). Understanding the help–seeking decisions of sexual assault survivors: Implications for social work practice in Hong Kong. International Social Work, 1–14.

[93] Leone J. M., Johnson M. P., & Cohan C. L. (2007). Victim help seeking: Differences between intimate terrorism and situational couple violence. Family Relations, 56 (5): 427–439.

[94] Lin M. C., S. A. Shen. (2004).The Study of Typology among Intimate Abusers.Formosa Journal of Mental Health, 17 (2) : 67– 92.

[95] Liang B., Goodman L., & Tummala–Narra, P., et al. (2005). A

theoretical framework for understanding help-seeking processes among survivors of intimate partner violence. American Journal of Community Psychology, 36 (1-2): 71-84.

[96] Linos N., Slopen N., & Berkman L., et al. (2014). Predictors of help-seeking behaviour among women exposed to violence in Nigeria: A multilevel analysis to evaluate the impact of contextual and individual factors. J Epidemiol Community Health, 68 (3):211-217.

[97] Lipsky S., Caetano R., & Field C. A., et al. (2006). The role of intimate partner violence, race, and ethnicity in help-seeking behaviors. Ethnicity and Health, 11 (1): 81-100.

[98] Lipsky S., Caetano R., & Roy-Byrne P. (2009). Racial and ethnic disparities in police-reported intimate partner violence and risk of hospitalization among women. Women's Health Issues, 19 (2): 109-118.

[99] Lipsky S., Caetano R. (2007). The role of race/ethnicity in the relationship between emergency department use and intimate partner violence: Findings from the 2002 National Survey on Drug Use and Health. American journal of public health, 97 (12): 2246-2252.

[100] Logan T., Walker R., & Cole J., et al. (2003). Qualitative differences among ruraland urban intimate violence victimization experiences and consequences: A pilot study. Journalof Family Violence, 18 (2): 83-92.

[101] Macy R. J., Nurius P. S., & Kernic M.A., et al. (2005). Battered women's profiles associated with service help-seeking efforts: Illuminating opportunities for intervention. Social Work Practice, 29 (3):137-150.

[102] Mahapatro M., Gupta R. N., & Gupta V. K. (2014). Control and support models of help-seeking behavior in women experiencing domestic violence in India. Violence and Victims, 29 (3): 464-475.

[103] Martin D. (1976). Battered wives. San Francisco: Glide.

[104] McCleary-Sills J., Namy S., & Nyoni J., et al. (2016). Stigma, shame and women's limited agency in help-seeking for intimate partner violence. Global Public Health, 11 (1-2): 224-235.

[105] Meyer L., McConnell J., & Fensham L., et al. (2007). Assessment of the implementation of the domestic violence act and its effects on the lives

of women seeking protection orders–A study of abused women at four courts in eThekwini. Pretoria, South Africa: Lawyers for Human Rights.

[106] Moe A. M. (2007). Silenced voices and structured survival: Battered women's help seeking. Violence Against Women, 13 (7): 676–699.

[107] Mouzos J. (1999). Femicide: The killing of women in Australia 1989–1998. Research and Public Policies Series No. 18. Canberra, Australian Institute of Criminology (AIC).

[108] Morrison K. E., Luchok K. J., & Richter D. L., et al. (2006). Factors influencing help–seeking from informal networks among African American victims of intimate partner violence. Journal of Interpersonal Violence, 21 (11): 1493–1511.

[109] Naved R. T., Azim S., & Bhuiya A., et al. (2006). Physical violence by husbands: Magnitude, disclosure and help–seeking behavior of women in Bangladesh. Social Science & Medicine, 62 (12): 2917–2929.

[110] Nguyen T. D. (2005). Overview: Asian American communities and domestic violence. In T. D. Nguyen (Ed.), Domestic violence in Asian American communities: A cultural overview. New York: Lexington Books, 1–11.

[111] Ohtsuka T (2005). Impact of cultural change and acculturation on the health and help seeking behaviour of Vietnamese–Australians. Unpublished Doctoral dissertation, Swinburne University of Technology.

[112] Ogland E. G., Xu X., & Bartkowski J. P., et al. (2014). Intimate partner violence against married women in Uganda. Journal of Family Violence, 29 (8): 869–879.

[113] O'Mahony M., Hegarty J. (2009). Help seeking for cancer symptoms: A review of the literature. Paper presented at the Oncology nursing forum.

[114] Okenwa L., Lawoko S., & Jansson B. (2009). Factors associated with disclosure of intimate partner violence among women in Lagos, Nigeria. Journal of Injury and Violence Research, 1 (1): 37.

[115] Ola T. M., Johnson O. A. (2013). Values clarifications in marital rape: A Nigerian situation. European Scientific Journal, 9 (35) .

[116] O'Mahony M., Hegarty J. (2009).Help seeking for cancer symptoms: A review of the literature. Paper Presented at the Oncology Nursing Forum.

[117] Organization W. H. (2005). WHO multi–country study on women's health and domestic violence against women: Initial results on prevalence. health Outcomes and Women's Responses.

[118] Overstreet N. M., Quinn D. M. (2013). The intimate partner violence stigmatization model and barriers to help seeking. Basic and Applied Social Psychology, 35 (1): 109–122.

[119] Pallitto C. C., O'Campo P. (2004). The relationship between intimate partner violence and unintended pregnancy: Analysis of a national sample from Colombia.International Family Planning Perspectives, 30 (4): 165–73.

[120] Palermo T., Bleck J., & Peterman, A. (2013). Tip of the iceberg: Reporting and gender–based violence in developing countries. American journal of epidemiology, 179 (5): 602–612.

[121] Payne M. (2014). Modern social work theory: Oxford University Press.

[122] Pettigrew T. F. (1983). Seeking public assistance: A stigma analysis. New Directions in Helping, (3): 273–292.

[123] Peckover S. (2010). "I could have just done with a little more help" : An analysis of women's help–seeking from health visitors in the context of domestic violence. Health & Social Care in the Community, 11 (3): 275–282.

[124] Pescosolido B.A. (1992). Beyond rational choice: The social dynamics of how people seek help. American Journal of Sociology, 97 (4): 1096–1138.

[125] Postmus J. L., Severson M., & Berry, M., et al. (2009). Women's experiences of violence and seeking help. Violence Against Women, 15 (7): 852–868.

[126] Prochaska J. O., Diclemente C. C. (1982). Transtheoretical therapy: Toward a more integrative model of change. Psychotherapy Theory Research & Practice, 19 (3): 276–288.

[127] Prochaska J. O., DiClemente C. C. (1983). Stages and processes of self–change of smoking: Toward an integrative model of change. Journal of Consulting and Clinical Psychology, 51 (3): 390–395.

[128] Raj A., Silverman J. G. (2007). Domestic violence help–seeking behaviors of South Asian battered women residing in the United States. International Review of Victimology, 14 (1): 143–170.

[129] Rasool S. (2015). Help–seeking after domestic violence the critical role of children. Journal of Interpersonal Violence, 31 (9): 1–26.

[130] Robertiello G. (2006). Common mental health correlates of domestic violence. Brief Treatment & Crisis Intervention, 6 (2): 111–121.

[131] Rodriguez M. A., Sheldon W. R., & Bauer H. M., et al. (2001). The factors associated with disclosure of intimate partner abuse to clinicians. Journal of Family Practice, 50 (4): 338.

[132] Rodríguez M., Valentine J. M., & Son J. B., et al. (2009). Intimate partner violence and barriers to mental health care for ethnically diverse populations of women. Trauma, Violence, & Abuse, 10 (4): 358–374.

[133] Riggs D. S., Caulfield M. B., & Street A. E. (2000). Risk for domestic violence: Factors associated with perpetration and victimization. Journal of Clinical Psychology, 56 (10): 1289–316.

[134] Rickwood D., Deane F. P., & Wilson C. J., et al. (2005). Young people's help–seeking for mental health problems. Australian e–journal for the Advancement of Mental health, 4 (3): 218–251.

[135] Russo N. F., Pirlott A. (2006). Gender–based violence: Concepts, methods, and findings. Annals of the New York Academy of Sciences, 1087 (none): 178–205.

[136] Russell D. E. H. (1982). Rape in marriage. Rape in Marriage, 62 (7): 509–516.

[137] Rizo C. F., Macy R. J. (2011). Help seeking and barriers of Hispanic partner violence survivors: A systematic review of the literature. Aggression and Violent Behavior, 16 (3): 250–264.

[138] Ryan A. M., Pintrich P. R., & Midgley C. (2001). Avoiding seeking help in the classroom: Who and why? Educational Psychology Review, 13 (2):

93–114.

[139] Robertiello G. (2006). Common mental health correlates of domestic violence. Brief Treatment & Crisis Intervention, 6 (2): 111–121.

[140] Sabina C., Cuevas C. A., & Schally J. L. (2012). Help–seeking in a national sample of victimized Latino women: The influence of victimization types. Journal of Interpersonal Violence, 27 (1): 40–61.

[141] Sackett L. A., Saunders D. G. (1999). The impact of different forms of psychological abuse on battered women. Violence & Victims, 14 (1): 105–117.

[142] Scott S., Walter F. (2010). Studying help–seeking for symptoms: The challenges of methods and models. Social and Personality Psychology Compass, 4 (8): 531–547.

[143] Staggs S. L., Long S. M., & Mason G. E., et al. (2007). Intimate partner violence, social support, and employment in the post–welfare reform era. Journal of Interpersonal Violence, 22 (3): 345–367.

[144] Sedziafa A. P., Tenkorang E. Y., & Owusu A. Y. (2016). Kinship and intimate partner violence against married women in Ghana: A qualitative exploration. Journal of Interpersonal Violence, 33 (14): 2197–2224.

[145] Shea C. A., Mahoney M., & Lacey J. M. (1997). Breaking through the barriers to domestic violence intervention. American Journal Nursing, (97): 26–34.

[146] Shen A. C. (2011). Cultural barriers to help–seeking among Taiwanese female victims of dating violence. Journal of Interpersonal Violence, 26 (7): 1343–1365.

[147] Smith P. H., Moracco K. E., & Butts J. D. (1998). Partner homicide in context. Homicide Studies, (2): 400–421.

[148] Stark E. (2007). Coercive control: How men entrap women in personal life. Oxford: Oxford University Press.

[149] Straus M. A., Gelles R. J., & Steinmetz S. K. (1981). Behind closed doors.New York: Anchor Books.

[150] Strauss A. L. (1967). The discovery of grounded theory: Strategies for qualitative research. Chicago: A1dine de Gruyter.

[151] Strauss A.L., Corbin J. (2008). Pesquisa qualitativa: técnicas e procedimentos para o desenvolvimento de teoria fundamentada. Artmed.

[152] Sylaska K. M., Edwards K. M. (2014). Disclosure of intimate partner violence to informal social support network members: A review of the literature. Trauma, Violence, & Abuse, 15 (1): 3–21.

[153] Tenkorang E. Y., Sedziafa A. P., & Owusu A. Y. (2016). Does type and severity of violence affect the help-seeking behaviors of victims of intimate partner violence in Nigeria? Journal of Family Issues, 38 (14): 2026–2046.

[154] Tenkorang E. Y., Owusu A. Y. (2013). Examining HIV-related stigma and discrimination in Ghana: What are the major contributors? Sexual Health, 10 (3): 253–262.

[155] Thompson M., Kaslow N. (2000). Partner violence, social support, and distress among inner-city African-American women. American Journal of Community Psychology, 28 (1): 127–143.

[156] Tutty L. M. (2006). Effective Practices in Sheltering Women-Leaving Violence in Intimate Relationships. A Turning Point for Women. Toronto: YWCA Canada.

[157] Wacker R. R., Roberto K. A. (2013). Community resources for older adults: Programs and services in an era of change: Sage Publications.

[158] Waltz C. F., Strickland O. L., & Lenz E. R. (2010). Measurement in nursing and health research: Springer Publishing Company.

[159] Websdale N. (1995). Rural woman abuse: The voices of Kentucky women. Violence Against Women, 1 (4): 309–338.

[160] Worden A. P., & Carlson B. E. (2005). Attitudes and beliefs about domestic violence: Results of a public opinion survey: II. Beliefs about causes. Journal of Interpersonal Violence, 20 (10): 1219–1243.

[161] World Health Organization. Responding to intimate partner violence and sexual violence against women: WHO clinical and policyguidelines [Internet]. Geneva: WHO; 2013 [cited 2019 Jul 30].Available from: http: //apps.who.int/iris/bitstream/10665/85240/1/9789241548595_eng.pdf?ua=1. A useful evidence-based WHOguide for IPV national policies and

clinical guidelines for thehealth sector.

[162] World Health Organization (2016). Violence against women. Retrieved from http: //www.who.int/mediacentre/factsheets/fs239/en/.

[163] Wilson-Williams, L., Stephenson, R., Juvekar, S., & Andes, K. (2008). Domestic violence and contraceptive use in a rural Indian village. Violence Against Women, 14 (10): 1181-1198.

[164] Yang Z. F. (1992). A preliminary discussion on how to study the personality of the Chinese. The psychology and behaviours of the Chinese: Concepts and methods. Taipei: Kwei Kuan Publishers.

[165] Yoshioka M. R., Gilbert L., & El-Bassel N., et al. (2003). Social support and disclosure of abuse: Comparing South Asian, African American, and Hispanic battered women. Journal of Family Violence, 18 (3): 171-180.

[166] Yick A. G., Agbayani-Siewert P. (2000). Dating violence among Chinese American and White students: A sociocultural context. Journal of Multicultural Social Work, 8 (1-2): 101-129.

[167] Yick A. G., Shibusawa T., & Agbayani-Siewert P. (2003). Partner violence, depression, and practice implications with families of Chinese descent. J Cult Divers, 10 (3): 96-104.

[168] Yick A. G. (2007). Role of culture and context: Ethical issues in research with Asian Americans and immigrants in intimate violence. Journal of Family Violence, 22 (5): 277.

[169] Yu M. M. (2005). Domestic violence in the Chinese American community. Domestic Violence in Asian American Communities: A Cultural Overview, 27-38.

[170] Yuen-Tsang A., Sung P. (2005). The social construction of concealment among Chinese women in abusive marriages in Hong Kong. Affilia, 20 (3): 284-299.

[171] Hong J. S., Stokes C., Byoun S., 等（2014）. 韩国社会工作教育中的文化能力问题 . 社会工作与管理，14（a4）：65-70.

[172] 边燕杰、刘翠霞、林聚任（2004）. 中国城市中的关系资本与饮食社交：理论模型与经验分析 . 开放时代，2（4）.

[173] 陈之昭（2006）. 面子心理的理论分析与实际研究 . 中国心理学评

论，（1）：107–160.
[174] 陈向明（2002）. 社会科学质的研究 . 五南图书出版股份有限公司 .
[175] 陈苇、唐国秀、石雷等（2012）. 妇联在防治家庭暴力中的作用研究——重庆市某区妇联防治家庭暴力情况调查报告 . 中华女子学院学报，24（4）：52–56.
[176] 陈婷蕙（1997）. 婚姻暴力中阻碍受虐妇女脱离受虐关系的影响因素之探讨 . 社会福利，（130）：42–48.
[177] 陈安娜、郜宪达（2020）. 多元文化下的性别敏感：社会工作学生的反家暴专业能力建设 . 社会工作，（3）：84–95.
[178] 陈钟林、张芳（2006）. 家庭暴力受虐妇女社会支持网络构建的实证研究——以天津市为例 . 妇女研究论丛，（5）：29–33.
[179] 陈锋、杨振强（2016）. 传统与嬗变：农村青年夫妻家庭暴力问题研究——以甘肃省 M 县 L 村为例 . 中国青年研究，（4）：70–76.
[180] 陈苇（2007）. 我国农村家庭暴力调查研究——以对农村妇女的家庭暴力为主要分析对象 . 法商研究，（6）：91–101.
[181] 崔诗婉、罗婕（2013）. 我国当前反家暴妇女庇护所的发展困境与未来出路 . 研究生法学，（5）：90–98.
[182] 曹琳平（2014）. 对妇联干预家庭暴力的工作思考和研究 . 中国妇运（4）：34–35.
[183] 常淑敏（2003）. 由最近发展区到学生的学业求助——自我调控学习的重要策略 . 当代教育科学，（22）：31–33.
[184] 丁娟（2016）. 反对家庭暴力依然在路上 . 中国妇女报，B01.
[185] 戴世玫（2013）. 台湾婚姻暴力图像与对策之研究——父权家族系统受暴网的观点 . 国立暨南国际大学博士论文 .
[186] 邓志军、蔡水清（2005）. 当前大学生心理求助的特征、影响因素及教育对策 . 宜春学院学报，27（5）：114–117.
[187] 高小贤（2003）. 整合资源，建立县、乡级反家庭暴力的支持性社会环境——陕西妇女理论婚姻家庭研究会合阳项目介绍 . 妇女研究论丛，（4）：64–69.
[188] 郭伟和（2020）. 跨专业联合防控新冠病毒疫情：问题界定、专业权威和干预能力问题 . 社会工作，（1）：60–69，109.
[189] 顾雅杰（2019）. 农村算命行为的文化解读 . 南京理工大学硕士

论文.
[190] 费孝通（1998）.乡土中国：生育制度.北京大学出版社.
[191] 费小冬（2008）.扎根理论研究方法论：要素、研究程序和评判标准.公共行政评论，3（1）：23–43.
[192] 黄捷斌（2017）.深圳市龙岗区家庭暴力干预模式优化策略研究.Doctoral dissertation，深圳：深圳大学.
[193] 韩贵香、李美枝（2008）.舍近求远的求助模式："面子威胁"对华人选择求助对象的影响.中华心理学刊，50（1）：31–48.
[194] 黄一秀（2000）.婚姻暴力之受虐妇女求助历程之探讨.东海大学社会工作学系研究所硕士论文.
[195] 黄光国（2004）.人情与面子：中国人的权力游戏.北京：中国人民大学出版社,（12）：7–10.
[196] 黄光国（2004）.儒家关系主义与华人企业的组织文化——中国人的权利游戏.中国人民大学出版社,（11）：162–163.
[197] 胡幼慧（1996）.质性研究：理论、方法及本土女性研究实例.台北：巨流 :148.
[198] 江光荣、王铭（2003）.大学生心理求助行为研究.中国临床心理学杂志，11（3）：180–184.
[199] 简春安、邹平仪（1998）.社会工作与质性研究：在社会工作研究法.台北：巨流：122–166.
[200] 简春安、常宏文（2002）.家庭暴力被害人保护方案之初探研讨.内政部.
[201] 金耀基（2006）."面""耻"与中国人行为之分析——中国人的心理.江苏教育出版,（4）：289–345.
[202] 李晓东、张柄松（2000）.初二学生目标取向、自我效能及学习成绩与学业求助的关系.心理发展与教育，V16（4）：31–37.
[203] 李向平、文军、田兆元（2011）.中国信仰研究第1辑.上海：上海人民出版社.
[204] 李国波（2013）.广东妇女维权机制创新的功能考察与思路重构.岭南学刊,（4）：94–98.
[205] 李霞（2005）.依附者还是构建者？——关于妇女亲属关系的一项民族志研究.思想战线,（1）：83–88.

[206] 李霞（2010）. 娘家与婆家：华北农村妇女的生活空间和后台权力. 北京：社会科学文献出版社.

[207] 梁漱溟（1990）. 梁漱溟全集（第三卷）. 济南：山东人民出版社，6.

[208] 林美卿、贺羡（2010）. 我国女性遭受家庭暴力问题研究. 山东社会科学，（6）：56–57.

[209] 林明杰、沈胜昂（2004）. 婚姻暴力加害人分类之研究. 中华心理卫生学刊，17（2）：67–92.

[210] 李斯文（2018）. 网络个人求助的规范路径研究 .Doctoral dissertation.

[211] 徐剑锋（2015）. 反家暴国家立法，呼之欲出. 社会科学文摘，（4）.34–36.

[212] 刘艳红（2015）. 社会工作干预家庭暴力的协作模式研究 .Doctoral dissertation.

[213] 刘洁（2017）. 父权制 – 现代化 – 个体化：娘家研究的演变梳理. 妇女研究论丛，（5）.

[214] 刘蔚（2015）. 差序调解：传统社会家庭纠纷解决的自治路径. 天府新论，（1）.

[215] 刘昱辉（2017）. 论公安机关实施《反家庭暴力法》中的不作为问题及对策. 中国人民公安大学学报（社会科学版），（33）：70–74.

[216] 孔海娥、陈文（2015）. 近十年来中国内地妇女、婚姻家庭社会工作实务述评. 云南民族大学学报（哲学社会科学版），162（4）：73–80.

[217] 李茂强、陈诗颖（2014）. 社会工作视角下多机构联合干预家庭暴力探析. 韶关学院学报，（9）：71–74.

[218] 吕频（2011）. 中国反家庭暴力行动报告. 北京：中国社会科学出版社.

[219] 骆婉如（2011）. 家庭暴力的救济体系研究. Doctoral Dissertation.

[220] 第三期中国妇女社会地位调查课题组（2011）. 第三期中国妇女社会地位调查主要数据报告. 妇女研究论丛，（6）：5–15.

[221] [美] 诺曼·K. 邓津，伊冯娜·S. 林肯. 风天笑译（2007）. 定性研究：经验资料收集与分析的方法（第3卷）. 重庆：重庆大学出版

社，2007.
[222] 钮文英、特殊教育（2012）. 质性研究方法与论文写作 . 双叶书廊 .
[223] 潘淑满（2003）. 质性研究理论与应用 . Doctoral dissertation.
[224] 鹏星家庭暴力防护中心（2013）. 反家暴的重要力量 . 社会与公益，（9）：53–54.
[225] 乔希玲（2017）. 反家暴法实施困境及对策思考 . 中共太原市委党校学报（5）：38–40.
[226] 瞿海源、刘长萱、毕恒达等（2012）. 社会及行为科学法 . 研究法，北京：社会科学文献出版社 .
[227] 阙祥才（2004）. 家庭暴力探析 . 湖北社会科学，（4）：86–87.
[228] 盛红勇、唐松林、匡令芝（2018）. 幼儿教师状态焦虑和心理求助的实证研究 . 当代教育理论与实践，10（2）：14–19.
[229] 盛红勇（2016）. 中学教师与幼儿教师心理求助现状及差异研究 . 渭南师范学院学报，31（12）：46–50.
[230] 孙海功（2008）. 我国家庭暴力问题与社会工作干预 .Doctoral dissertation，武汉：中南民族大学 .
[231] 宋贤仪（1998）. 受虐妇女与其非正式社会支持系统互动经验之探讨 . 国立台湾大学硕士论文 .
[232] 苏振榕（2019）. 女性反家暴资源获取困境及解决策略研究 . 南京大学硕士论文 .
[233] 孙隆基、何萍（2015）. 中国文化的深层结构 . 当代贵州，（24）：54.
[234] 孙苑芳、孙越隆（2002）. 关于家庭暴力的社会学思考——贵阳市个案研究 . 贵州省社会学学会“民族、区域、社会发展研讨会”暨 2002 年学术年会 .
[235] 佟飞（2007）. 论针对妇女的家庭暴力问题 . 南京政治学院学报（S1）：28–30.
[236] 唐芳贵（2003）. 初二学生自我效能感、文化因素及学业成绩与学业求助的关系调查 . 中国心理卫生杂志，（2）：120–119.
[237] 汤一介（2009）.“孝”作为家庭伦理的意义 . 北京大学学报（哲学社会科学版），（46）：（11–13）.
[238] 王绍霞（2013）. 农村留守妇女离婚案评析 . 理论与改革，（3）：

174–176.
[239] 闻英（2005）. 社会工作中问题视角和优势视角的比较. 南阳师范学院学报（社会科学版),（10）: 19–21.
[240] 王立贤（2002）. 反对家庭暴力，呼唤构建政府领导的主流工作模式. 北京: 中国社会科学出版社，267–273.
[241] 王思斌（2001）. 中国社会的求—助关系. 社会学研究，(4): 1–10.
[242] 王婷彦（2015）. 反家庭暴力庇护所低入住率原因探索——受暴妇女与社会工作者视野下的定性研究. 社会工作与管理，15（6）: 41–48.
[243] 王秀丽、张新颖（2004）. 课堂情境与任务难度对学业求助之影响的研究. 心理学探新，24（3）: 45–48.
[244] 王荣萍（2015）. 针对妇女家庭暴力问题的社会工作干预. 新西部（21）: 9–10.
[245] 王小琴、张月、杨雅梅（2018）. 护士工作压力与求助意向及求助行为研究. 护理学杂志，33（13）.
[246] 王伟进（2016）. 城乡困难家庭的求助网络及其政策启示. 人口与经济,（3）: 115–125.
[247] 王伟进（2016）. 流动人口困难家庭的求助网络与社会救助政策. 社会发展研究,（2）: 100–115.
[248] 王志华、周琨（2007）. 她为什么不离开? ——对家庭暴力中受虐妇女的社会心理分析. 湘南学院学报,（3）: 18–22.
[249] 王笃强、白叙民、徐明心（2009）. 人情文化下的求助历程与策略初探: 以经济弱势家户为例 .The Hong Kong Journal of Social Work, 48（1n2）: 45–62.
[250] 王曦影、董晓珺、夏天、乔东平（2019）. 性别、代际与家庭暴力的幸存者: 一项基于两代受暴妇女的生命史研究. 上海大学学报（社会科学版），36（4）: 14–27.
[251] 吴小永（2006）. 关于建立“网络社会工作”的几点设想. 中共郑州市委党校学报,（1）: 110–111.
[252] 吴芝仪、廖梅花（2001）. 质性研究入门: 扎根理论研究方法. 嘉义市: 涛石文化.
[253] 吴仙（2013）. 陕北农村受暴妇女的社会支持研究. 兰州大学博士

论文 .
［254］吴品仪（2015）. 原住民妇女求助历程之研究——以原住民族家庭服务中心为例 . 暨南大学社会政策与社会工作学系学位论文，1–104.
［255］卫小将（2017）. 融合与拓展：中国妇女与婚姻家庭社会工作研究 . 国家行政学院学报，（2）.
［256］夏勉、江光荣（2007）. 归因、自我效能和社会容认度对心理求助行为的影响 . 心理学报，39（5）：892–900.
［257］谢小琴、王小丁（2011）. 我国妇女遭受家庭暴力的原因研究综述 . 文史博览（理论），（10）：50–52.
［258］相旭东（2015）. 心理疏导技术 . 北京：中国书籍出版社 .
［259］徐宗国（1997）. 质性研究概论（Anselm Strauss and Juliet Corbin，Basics of Qualitative Research：Grounded Theory Procedures and Techniques，1990）. 台北：巨流图书公司 .
［260］叶海燕（2014）. 高校辅导员心理求助方式的质性研究 . 西南师范大学学报（自然科学版），39（12）：137–141.
［261］杨娜（2006）. 家庭暴力与社会支持——家庭暴力社会工作干预模式探索 . 南开大学学位论文 .
［262］杨肖光（2008）. 家庭暴力干预政策过程分析及社会组织在其中的作用 . 复旦大学博士论文 .
［263］杨华（2011）. 传统外婚制下娘家与出嫁女关系问题的再认识 . 南方人口，（5）：16–26.
［264］杨宇昕（2018）. 众筹式网络个人求助的监管路径 . 华东政法大学学位论文 .
［265］原璐璐（2017）. 青少年遭受家暴和性侵案的多方联动处理机制——基于广州市某城中村一个典型个案的思考 . 社会工作与管理，17（2）：32–38.
［266］朱东武、齐小玉（2011）. 城市社区多机构干预家庭暴力的实践 . 北京：中国社会科学出版社 .
［267］朱春燕（2014）. 妇联组织在家庭暴力治理中的作用研究 .Doctoral dissertation，上海：上海交通大学 .
［268］周月清（1995）. 婚姻暴力 . 台北：巨流图书公司 .

[269] 赵凤敏、郭素芳、王临虹、张彤、吴久玲、王蕾（2007）. 农村地区已婚妇女家庭暴力知晓情况调查 . 中国公共卫生，(1)：1–3.

[270] 张忆纯（2012）. 家庭暴力求助与支持系统——以台湾家庭暴力防治为例 . 中国妇女报，2012–02–28（B2）.

[271] 张城成、陆茜（2013）. 浅析“熟人社会”对我国基层政府管理的影响及治理 . 北华大学学报（社会科学版），014（3）：56–58.

[272] 赵志浩（2015）. 家庭文化的历史考察与现代诠释 . 南都学坛：南阳师范学院人文社会科学学报 .

[273] 赵子茹（2019）. 汲取中华优秀传统文化智慧　弘扬共产党人价值观 . 今日财富，000（010）：172–173.

[274] 张希慧（2000）. 对 254 起家庭暴力案件的分析——关于我省反家庭暴力地方性法规的立法思考 . 时代法学，(6)：61–62.

[275] 张李玺、刘梦（2004）. 中国家庭暴力研究 . 北京：中国社会科学出版社 .

[276] Chiu M. Y. L.（2002）. Formal and informal help–seeking of Chinese families in a Hong Kong new town. 社会政策与社会工作学刊，6（1）：221–240.

[277] 赵小云、郭成、谭顶良（2010）. 中学生的班级环境、学业自我与学业求助的关系 . 心理学探新，30（5）：56–61.

[278] 张敏、刘雪瑞、张艳（2018）. 在线健康信息求助行为实证研究的系统综述：知识体系、影响因素与前沿分析 . 图书情报工作，62（15）：122–131.

[279] 张明颖、陈晓芳、毛菊花（2018）. 神经内科新入职护士求助能力现状调查 . 中国农村卫生事业管理，38（7）：127–129.

[280] 费孝通（1998）. 乡土中国生育制度 . 北京：北京大学出版社，26–27，33.

[281] 曾峥（2017）. 受暴妇女的社区综合干预模式研究 .Doctoral dissertation，深圳：深圳大学 .

[282] 朱力（2002）. 社会问题概论 . 北京：社会科学文献出版社 .

[283] 朱艳丽、汪新建（2011）. 躯体化：苦痛表达的文化习惯用语 . 东北大学学报：社会科学版，(3)：273–277.

[284] 张红艳（2007）. 医疗机构参与干预家庭暴力的法律思考 . 湘潮（下

半月），（1）：36–37.

［285］周冬然、高建秀（2009）.家庭暴力受虐妇女的社会工作干预——身心灵互助健康模式初探.社会福利，（8）：46–47.

［286］舟子（2016）.反家暴普法需要“上山下乡”.中国妇女报，08–04（A03）.

［287］翟学伟（1994）.中国人的脸面观，有关其向度的若干假设.文化、心病及疗法，（7）：338–348.

网络类：

［288］广东省民政厅（2016）.广东省社会工作十年发展报告.http://mzzt.mca.gov.cn/article/sggzzsn/jlcl/201611/20161100887284.shtml0. 上网时间：2016 年 11 月 7 日.

［289］中华人民共和国最高人民法院（2018）.司法大数据专题报告之离婚纠纷.http://www.court.gov.cn/fabu–xiangqing–87622.html. 上网时间：2018 年 3 月 23 日.

［290］深圳晚报（2015）.深圳鹏星家庭暴力防护中心引入三级预防模式防家暴.http://sz.people.com.cn/n/2015/0826/c202846–26128309.html. 上网时间：2015 年 8 月 26 日.

［291］羊城晚报（2014）.深圳或有 80 万家庭存在暴力，罗湖家暴防护中心拟设庇护机构.http://sz.people.com.cn/n/2014/1121/c202846–22969292.html. 上网时间：2014–11–21.

［292］法制日报（2015）.家庭暴力现状：受害人平均遭受 35 次家暴才报警.http://politics.people.com.cn/n/2015/0908/c70731–27554590.html. 上网时间：2015 年 9 月 8 日.

［293］新快报（2016）.广东全省妇联投诉热线中婚姻家庭权益问题超六成.http://news.163.com/16/0309/03/BHMFS3VN00014Q4P.html。上网时间：2016 年 3 月 9 日.

［294］中国政府网（2015）.中华人民共和国反家庭暴力法（主席令第三十七号）.http://www.gov.cn/zhengce/2015–12/28/content_5029898.htm. 上网时间：2015 年 12 月 28 日.

重要术语索引